U0850606

海上医事

——近代上海中医文化

总顾问　严世芸　段逸山
总编审　王　键
总主编　黄　瑛　梁尚华

药肆文化

编撰　荆丽娟

上海科学技术出版社

图书在版编目(CIP)数据

药肆文化/荆丽娟编撰.—上海:上海科学技术出版社,2019.9
(海上医事:近代上海中医文化/黄瑛,梁尚华总主编)
ISBN 978-7-5478-4566-0

Ⅰ.①药… Ⅱ.①荆… Ⅲ.①中药材-商业史-上海-近代 Ⅳ.①F724.722

中国版本图书馆CIP数据核字(2019)第174744号

项目资助

1. 本丛书由上海文化发展基金会图书出版专项基金资助出版
2. 上海高校一流学科建设项目(科学技术史)资助
3. 上海自然而然中医药发展基金会资助项目

海上医事——近代上海中医文化·药肆文化

荆丽娟　编撰

上海世纪出版(集团)有限公司
上海科学技术出版社 出版、发行
(上海钦州南路71号　邮政编码200235　www.sstp.cn)
苏州望电印刷有限公司印刷
开本 700×1000　1/16　印张 13.75
字数 150千字
2019年9月第1版　2019年9月第1次印刷
ISBN 978-7-5478-4566-0/R·1911
定价:48.00元

内容提要

《药肆文化》主要介绍了近代上海国药业的情况。上海自开埠以后，国药业进入了繁荣时期，上海国药业可以分为国药号、药材行、参燕业、鲜药业及药厂几个行业。本书从民国时期上海国药业概况、民国时期上海国药业的社团组织、国药号“四大户”及姜衍泽堂、徐重道、达仁堂、佛慈药厂的创办经历入手，详细介绍了民国时期上海国药业的情况，向读者介绍了近代上海国药业许多不为人知的一面，以此纪念那个风云动荡的年代，国药业与之沉浮的动人故事。

本书可供中医专业人员、史学研究者参考，也适合中医药爱好者阅读。

丛书编委会

对历史之温情与敬意

秋天的景意并未完全消尽，立冬踩着厚厚的落叶，披着清澈高远的蓝天，伴着纷乱的微寒粉墨登场，进入了一个万物收藏、育阴涵阳、为春季的勃发做储备的阶段。这几天，我或在灯光下，或在高铁行程中，用心地阅读着“海上医事——近代上海中医文化”的书稿，回顾历史，联系当下，放眼未来，不由地引发了许多文化方面的思考。

中医文化，源远流长。究其滥觞，可追溯至上古三皇时代。《尚书》曰：“伏羲、神农、黄帝之书，谓之《三坟》，言大道也。”伏羲制九针、神农尝百草、黄帝传医道，不仅是中医文化之源，也是中华文明之源。

《唐律名例疏议释义》曰：“中华者，中国也。亲被王教，自属中国，衣冠威仪，习俗孝悌，居身礼义，故谓之中国。”言中华文明者，必言中华文化也。自中华大地诞生第一件陶器伊始，中华文化便与中华文明一起孕育、成熟、演绎、绵延。古代人民创造了光辉灿烂的文化，文化哺育滋养了博大精深的中医药学，中医药学又以其独特的文化，熏陶和涵育着一代又一代的华夏人民。

大约 6 000 年前，古代先民便已在上海西部腹地崧泽一带耕种生息，发崧泽文化之端绪，启海上文明之曙光。战国时期，领土不断兼并，人口频繁迁徙，吴越文化与楚文化、中原文化相继融合，奠定海派文化之根基。深受崧泽、吴越文化之浸润的海派中医，肇始于唐代，兴起于宋元，鼎盛于明清。晚清开埠，百川汇流，一时群星璀璨、欣欣向荣。民国期间，欧风东渐，大医先贤们，一方面弘扬国粹，容纳新知，积极探索中医发展之路；另一方面，在传统医学危机存亡之际，勇于挺身而出，坚决捍卫中医地位与尊严。中华人民共和国成立后，党和国家对中医药事业极为重视，海派中医迎来了久违的春天，重新焕发出勃勃生机。在社会主义新时代，中医药学作为中国传统文化的精髓，又承载着复兴中国传统文化的历史使命。习近平总书记提出："中医药学凝聚着深邃的哲学智慧和中华民族几千年的健康养生理念及其实践经验，是中国古代科学的瑰宝，也是打开中华文明宝库的钥匙。"在这种背景下，"海上医事——近代上海中医文化"系列丛书的出版，极具现实意义，可谓适逢其时。

"海上医事——近代上海中医文化"丛书由梁尚华和黄瑛领衔编写，上海中医药大学科技人文研究院多位专家参与，是集体研究成果的结晶。该丛书内涵丰富，从不同角度考察了近代上海中医药文化的表现形式，极具文化、学术和史学价值。约略言之，其主要内容如下。

一、《医政医事》——斟民国之医政，酌当今之得失

《医政医事》辑录了民国时期上海实施或颁布的与中医相关的法律、法规，以及公布后所产生的社会反响和相关重大事件。

《旧唐书·魏徵传》说："夫以铜为镜，可以正衣冠；以史为镜，可以知兴替；以人为镜，可以明得失。"以民国之医政为镜，可知兴替而明得失。现代医政制度肇始于民国时期，然而当时社会动荡、战乱频仍，医之政令频繁变动、朝令夕改，从最初之"漏列否定"，到后期之"自治管理"，均未能给中医教育一个合理地位，导致在上海创办的多所中医学校在纷乱的政令中风雨飘摇、

举步维艰。此外，当时的医政制度基本仿照西方，罔顾中国实际，导致水土不服、文化冲突。从这些特色政令与事件中，既可看出当时国民政府对传统医学的冷漠与摧残，亦可看到中医前辈为维护中医地位与尊严而做出的不懈努力与不屈抗争。

二、《讲稿选萃》——研名师之讲义，究岐轩之奥赜

《讲稿选萃》辑录了民国时期上海中医教育名家丁甘仁、包识生、恽铁樵、程门雪、章巨膺、秦伯未、承澹盦、钱今阳、许半龙的各科讲义，按医经、诊断、临床各科排序，还节录其中能反映名家教育思想和临床特色的内容，并配以教材图片。

"讲义"一词，原指讲经说义，后亦指讲经说义之稿。唐代羊士谔在《郡斋读经》一诗中谈其读经心得，道："息阴惭蔽芾，讲义得醍醐。"先贤论道，知无不言、言无不尽。丁甘仁等前辈之讲义，乃其毕生心血所凝聚，岐轩之奥赜、仲景之义理，无不蕴涵其中。如能细心研读、悉心揣摩，必能登堂窥奥，如醍醐灌顶、豁然开朗，如春雨润物、沁人心扉。

三、《名医传芳》——述名医之生平，传杏林之芳馨

近代上海，名医荟萃、学术交融。他们创社团、建医院、办学校、印报刊、编书籍，留下许多佳话，在近代中医史上描绘出浓墨重彩的华章。

《尚书·君陈》曰："至治馨香，感于神明。黍稷非馨，明德惟馨。"近代中医先贤们不仅医术精湛，而且品德高尚。追忆先贤往事、缅怀其鸿轩凤翥之风，可以更加全面、深入地感悟为医之道。本书收集、整理了丁甘仁、王仲奇、张骧云、朱南山、蔡小香、恽铁樵、严苍山、章次公、顾筱岩、程门雪、秦伯未、陆瘦燕等五十余位近代上海中医名家的生平事迹、医事活动、医学成就，并简要介绍其学术特色，使读者既可了解医家其人其事，亦可略晓近代上海中医的发展历程。

四、《名家方案》——读名家之医案，钩治病之良方

近代著名思想家章太炎先生曾说：“中医之成绩，医案最著。欲求前人之经验心得，医案最有线索可寻，循此钻研，事半功倍。”清代医家周学海亦云：“宋以后医书，唯医案最好看，不似注释古书之多穿凿也。每部医案中，必有一生最得力处，潜心研究，最能汲取众家之所长。”医案是前辈医家治疗经验的如实记录，亦是其一生行医最得力之处，用药之道，治病良方，靡不具备。如能悉心挖掘，钩沉索隐，必然大有裨益。

《名家方案》辑录了晚清至民国期间上海中医名家的医案著作，选录何鸿舫、陈莲舫、汪莲石、丁甘仁、曹颖甫、朱南山、陈筱宝、张山雷、恽铁樵、曹惕寅、王仲奇、陈无咎、祝味菊等名家医案，并从医者、疾病、患者等角度进行简单评述，使读者从这些医案著作具体鲜活的临床诊治个案中，了解近代中医医家的医学观点、医疗方法，近代的常见病、多发病，以及医学实践中的人文情怀。

五、《医事广告》——搜医事之广告，揽医林之胜景

“广告”一词，顾名思义，广而告之也。中国的广告文化，渊源流长。灯笼、酒旗、对联、匾额，皆为广告的雏形。唐代杜牧有诗云，“千里莺啼绿映红，水村山郭酒旗风”，即是对酒肆广告的一种描述。

医事广告，古已有之，而且数量颇为可观。时至近代，伴随着报刊等新型广告载体的涌现，现代意义上的广告才真正出现。近代上海医药广告，林林种种，蔚为可观，无疑是一道亮丽的文化风景线。

本书对晚清开埠至中华人民共和国成立近百年间的医药广告，进行纵向梳理、分类编撰。其中既有五花八门的各种医药广告载体，也有形形色色的医药广告内容；既有海上名医的广告趣闻，

也有中药老字号的广告生意经；既有国货运动中的医药广告，也有医药广告领域的传奇事迹。阅览此书，可以从一个新的视角去认识和了解上海近代医疗文化的丰富和多姿。

六、《医学交流》——记医学之交流，录海上之风云

晚清以降，世事变幻，风云激荡，西学东渐的思潮席卷中华大地，传统医学首当其冲。在异域文化的强势攻击面前，国人茫然无助者有之，颓丧失意者有之，屈膝投降者有之，然而更有高瞻远瞩之士，积极交流、多方沟通，探索中医发展之路。无论是西医的“强势闯入”，还是中医的“自信走出”，都离不开上海这一政治、文化、经济、医学等诸多方面的荟萃之地。

《医学交流》辑录了1840～1949年间上海医学的对外交流情况，由展会、书籍、技术、药物、疾病、教育、人物、机构等内容组成，涵盖了沪上药物贸易、医药交流展览、医技传播、医界医事、医校医院、各类译本等诸多方面的基本情况，使读者可以领略近代上海医学交流的风云画卷。

七、《医林闻趣》——载医林之轶事，瞻先贤之雅趣

《医林闻趣》将近代上海中医药领域的一些著名医家的临诊特色、日常生活、社会活动、人际交往、雅趣嗜好等方面的趣闻轶事，编撰成可读性较强的叙事性故事，以重现当时海派中医鲜活的医人事迹。全书分为“医人趣闻”“医事闻趣”“药事闻趣”“名人与中医轶事”四部分，就像多棱镜一样折射出这一时期上海滩各路医家多姿多彩的临床特色和包容扬弃的医学文化氛围。

八、《药肆文化》——鉴药肆之文化，观国药之浮沉

《药肆文化》主要介绍了近代上海国药业的情况。上海自开埠以后，国药业进入了繁荣时期，著名的“四大户”“八大家”“四大参号”及粹华、佛慈等药厂纷纷建立，上海国药业亦组成了国药业同业公会及国药业职工会等组织，参与了近代上海的救国运动。本书通过对药肆文化的记述，向读者介绍了近代上海国药业许多不为人知的一面，以此纪念那个风云动荡的年代，国药业与之沉浮的动人故事。

九、《医刊辑录》——溯期刊之往昔，忆国医之峥嵘

寻访老期刊，是一次别开生面的揽胜之旅。然而，回顾中医药的老期刊，更多的是一趟文化苦旅。翻开这些泛黄的册页，满目触及的是战斗的檄文、激烈的辩述，还有深刻的反省。历史上的中医药从未如此窘困，也从未如此澎湃。

本书收集1840～1949年上海行政区划内出版和发行的中医药期刊30余种，从中发掘有意义的文章、期刊背后的故事、创办的前因后果等，并简单介绍期刊的开办时间、发行周期、板块设置、创办者和出版者、期刊特点、重要文章等。内容取材广泛，围绕期刊讲故事，以求展现近代中医药老期刊的精神风貌。

十、《医家遗墨》——品大师之遗墨，赏儒医之风骨

古人云，闻弦歌而知雅意，而赏医家之翰墨，更能领略其儒者之风范，高雅之情操，恬澹之心境。

海上中医大师们不仅医术精湛，而且多擅长笔墨丹青。例如，寓居上海的一代名医王仲奇先生，不仅以新安王氏内科的高明医术饮誉海内外，而且学问造诣深厚，医案文采飞扬，常引经据典，且工于书法，故深得著名画家黄宾虹赏识，黄氏曾称赞其处方："笔墨精良，本身就是书法艺术品。"又如，海派名医程门雪多才多艺，有诗、书、画"三绝"之誉。国画大师王个簃称其"不以诗名，而境界高雅，时手鲜有其匹"。

《医家遗墨》介绍近现代上海中医名家的著书手稿、处方药笺、题署序跋、诗画文墨等，图文并茂，并联系社会文化背景，稍加释读，使读者感受当时医家的笔墨文化。

结语

传统是从过去传延到今天的事物。凡是被人类赋予价值和意义的事物，传延三代以上的都是传统。传统的功能是保持文化的连续性，为社会带来秩序与意义。传统是人类智慧在历史长河中的积淀，是世代相传的行为方式，是规范社会行为、具有道德感召力的文化力量。而传统的特色又往往是其生命力之所在。纵览全书，“海上医事——近代上海中医文化”有以下特色。

文化立意，钩深致远。一个民族的复兴或崛起，常常以民族文化的复兴和民族精神的崛起为先导。中医药学作为中国传统文化的精髓，同时承载着复兴中国传统文化的历史使命。“国医大师”裘沛然曾说：“医学是小道，文化是大道，大道通，小道亦通。”故本系列丛书以文化立意，从文化角度来探讨海派中医，可谓探赜索隐，钩深致远。

包罗万象，无所不涵。本系列丛书涵盖了海派中医文化的方方面面，如医政、讲稿、医案、广告、期刊、书画等，林林总总，不一而足，似万花筒般包罗万象、无所不涵，又如多棱镜般折射出五彩缤纷、绚烂夺目的文化百态。书中既有钩深极奥、严谨务实的讲义、医案等，又有通俗易懂、生动活泼的趣闻、轶事，故适合各类人群阅读。

以史为镜，酌古斟今。本系列丛书不仅从文化角度横向探讨海派中医的各个方面，而且从史学角度纵向梳理海派中医的发展脉络，使医学研究更加全面严谨，愈发血肉丰满。《战国策》说：“前事之不忘，后事之师。”传统医学的发展，如同“泛泛杨舟，载浮载沉”，并非一帆风顺。民国时期，“瑰宝蒙尘”，海派先贤们一方面竞尚新学，冀图振兴，一方面涵泳古今，铁肩卫道；而“浮薄幸进之流，则视吾国固有文化如敝屣，毋问精粗，罔辨真伪，唯恐扫除之不力，甚至有倡言废除汉文者，直欲从根本上消灭中华文化，更何惜于民族医学。”（裘沛然语）反观今日，仍有浅鄙之流诋毁中医，抛出“废医验药”之谬论。故以史为镜，酌古斟今，重温那段历史，对我们当今如何发展中医，仍具现实意义。

陈寅恪先生曾说：“华夏民族之文化，历数千载之演进，造极于赵宋之世。后渐衰微，终必复振。譬诸冬季之树木，虽已凋落，而本根未死，阳春气暖，萌芽日长，及至盛夏，枝叶扶疏，亭亭如车盖，又可庇荫百十人矣。”北宋王安石有诗云：“岁老根弥壮，阳骄叶更阴。”历经五千年风雨沧桑的中医必将伴随着中华民族和中华传统文化的全面复兴而重新焕发绚丽光彩。大风泱泱，大潮滂滂，海派中医，以其“海纳百川、有容乃大”的气魄，亦必将站在时代潮流的浪尖尽展英姿，再领风骚。钱穆先生曾说：“任何一国之国民，尤其是自称知识在水平线以上之国民，对其本国已往历史应该略有所知。所谓对其本国已往历史略有所知者，尤必附随一种对其本国已往历史之温情与敬意。”值兹“海上医事——近代上海中医文化”即将付梓之际，乃握管濡毫，书是序以弁简端。

王 键

戊戌年立冬时节于少默轩

丛书前言

医疗卫生是与民生息息相关的事业，其发展不仅有赖于社会经济、文化的水平，更可映射出这一时期的社会文明程度，而传统中医更是与中国社会及人文精神密切相关。

上海自开埠以来，迅速成为近代中国的商业、工业、金融中心。在经济、文化繁荣兴旺的同时，也带来了医疗卫生事业的昌盛。这一时期的上海，吸引了周边乃至全国各地的中医名家长期驻足，成为中医药文化发展和传播的重要地区。但近代西风东渐的社会环境下，中医始终面临着生存危机，在得不到国家政策、财力等支持的情况下，上海中医界在积极抗争救亡的同时，吸取西方医学的科学思想，通过兴办中医学校、创办中医社团、发行医学报刊、编写学校教材来培养中医人才，并借鉴西方医学先进的科学理念，积极开办医院、建造药厂、创办中医书局来促进当时的中医药事业发展。因此，尽管近代中医药发展在政策上受到了压制，但是在当时的上海地区，中医药事业发展还是呈现出了百家争鸣、百花齐放的繁荣局面，成为近代中医药学术发展的中心。

近代的上海，由于地域、经济、人才等方面的优势，始终引领着中医药学术和文化发展方向，而上海中医界善于兼容并蓄，具有勇于扬弃、开拓创新的汇通新思想，逐渐形成了具有多元文化背景、海纳百川的海上中医现象，即后人所称的“海派中医”。

“海上医事——近代上海中医文化”丛书通过对近代，特别是民国时期上海医政医事、医家传略、名家医案、医家传薪讲稿、民国医刊、医家遗墨、医林闻趣、药肆与药厂等方面的重温和描述，试图从多个角度向读者展示近代上海中医药学术和文化特色，使读者在阅读后既能了解近代上海中医药发展的历史，又能领略多姿多彩的海派中医文化现象。

本套丛书分为十册，分别为：《医政医事》《名医传芳》《名家方案》《讲稿选萃》《医刊辑录》《医家遗墨》《医林闻趣》《药肆文化》《医事广告》《医学交流》。每册书中适当配以图像资料，以增加内容阅读的生动性和有趣性，使阅读群体不仅仅局限于中医专业人士，更有广泛的受众。

丛书编撰过程中，在收集具有代表性的近代中医政策、中医事件、中医代表人物生平事迹时，尽量将一些目前正在研究但尚未报道或报道较少、鲜为人知的中医人、中医事及医家遗作遗墨等收录丛书，以充分展示近代上海中医药发展的历史脉络及中医药人文特色。

编　者

2018 年 4 月

编写说明

第一次鸦片战争以后，中英签订了《南京条约》，对外开放了包括上海在内的五个通商口岸，上海即在1843年11月17日正式开埠。凭借地理优势，上海吸引了江、浙、皖等地大量精英和资金进入，商业、文化迅速繁荣膨胀，很快就成了华东地区文化和经济的中心。

国药行业受此影响，亦进入了繁荣期。各地知名药号纷纷在沪上设立分号，例如苏州雷允上、杭州胡庆余堂、汉口蔡同德堂、北京京都达仁堂、慈溪冯存仁等，还有上海本帮的姜衍泽堂、奚良济、姚泰山等一批传承较久的国药店，利用现代商业和资本运作的优势，迅速扩张，设立分店，创办药厂，使上海国药业进入了一个空前繁荣的时期。同时，药材行、国药号、鲜药业、参燕业商户联合起来，纷纷成立行业组织，药业伙友和职工也成立了民间组织，积极与政府对话，参政议政，救国济世。

为了更好地讲述近代上海国药业跌宕起伏的故事，本书在结构上安排了三个部分：第一部分介绍民国时期上海国药业概况，从上海国药业的分化、1949年以前上海国药业的发展史、民国时期上海国药业特点三个方面介绍近代上海国药业情况。第二部分介绍民国时期上海国药业的社团组织，分别从“和义堂”“信义堂”“国药业同业公会”“药行公所喻义堂”“药业友谊会”“上海药业工会”“参业公所”“参业同志会”“鲜药公会”等介绍近代上海国药业各种行业社团组织。第三部分介绍上海著名国药号的创办始末，如姜衍泽堂、童涵春堂、雷允上诵芬堂、蔡同德堂、胡庆余堂、京都达仁堂、徐重道国药号等，还有粹华、佛慈等现代化制药厂的创办过程，以及其他一些中小国药店的概况。

本书在编写过程中得到了上海中医药大学科技人文研究院有关领导和同行的鼎力支持，特别是章原老师无私的帮助，以及安徽郝永康“唐宋阁中医文化收藏”的资料支持，于此一并感谢！

历时两年的编撰，其中有太多的努力和汗水，尽管如此，限于本人学识，必定还有很多不足，敬请广大读者指正！

荆丽娟

2019 年 6 月

目录

沪上国药号的创办和变迁 —— 55

民国时期上海国药业概况

1843年11月17日，根据《南京条约》和《五口通商章程》的规定，上海、福州、宁波、广州、厦门五处为通商口岸，正式开埠，实行自由贸易。自此以后，上海进入历史发展的转折点，渐渐成为华东地区的商贸中心。英、美、法、俄等国及江苏、浙江、安徽、江西、山东、广东、福建等地商民纷纷涌进上海，开设行栈、设立码头、划定租界、开办银行。上海从一个不起眼的海边县城开始朝着远东第一大都市前进。到19世纪60～70年代，上海已成为全国最大、最繁荣的通商巨埠，中外商家林立、华洋客商云集，以"洋场"闻名。各地一些有前瞻性的国药号顺应大势，纷纷在上海设立分号或创立新号，渐渐形成了本帮、广东帮、浙江帮、江苏帮等以地域为特色的国药号。总之，民国时期上海国药业的发展，就是老上海发展的一个缩影，其中的跌宕起伏动人心魄，现在读来，亦还是令人唏嘘不已。

一、上海国药业的分化

中医药是中华民族的瑰宝，为民族的繁衍生息和人民的健康作出了重大贡献。中药业从医药一家到独立发展经历了漫长的时间。医药未分之时，医生给病人用的药都是自己采集、自己炮制的。随着人口增长、交通发展、知识传播等，各地的药材开始流通交易，药材行业兴起，逐渐与医分离，成为一个独立的行业，形成了药材行帮、药市等。药铺、药号开始是由医生开办的，边看病边售药，规模一般不大，出售一些常用的中药饮片或自制的丸散膏丹等。随着市场需求的扩大，以及行业发展的需求，药铺开始独立运营。很多药店都由药材商或者商人开办，如童涵春堂，就是由药材商童善长盘入“竺涵春堂”发展而来，胡庆余堂是由红顶商人胡雪岩开办。这些药号，一般聘请懂行的经理管理，雇佣店伙炮制各种饮片，按协定配方配制各类丸散膏丹。所以，药业虽然仍是医药业的一部分，但“医”与“药”已经基本分开，独立发展。

国药业作为一个行业，可以细化成几类。如唐廷猷认为中药业分为药材业、饮片业和成药业。“药业的经营分工，发展到民国时期已十分精细……中药包括中药材、中药饮片、中成药三大类商品，生产、经营这些商品的药业铺户，分别形成药材业、饮片业、成药业。”

对于民国时期上海中药业的业内分工划分标准也有多种。如1929年的《社会月刊》认为上海的中药业分为六类，“全沪药业者可分为六大类:（一）由产地采办运沪者曰药客;（二）与药客接洽者曰号家;（三）向客号购进后整批出售者曰药材行;（四）兼营小量批发及零拆者曰拆头行;（五）专在江浙附近四乡搜集草药者曰草药行;（六）制丸配剂直接售与消费者，曰饮片业。”1935年的《申时经济情报》调查认为上海的中药业分为药材业、鲜药业、饮片业和成药业，“沪市为全国商业之中枢，药铺为数甚多。除贩卖舶来洋药及仿制洋药之新药业外，概称药业（即中药业）。而该业因业务性质之差异，又别而为四，即原药（药材业）、鲜药（鲜药业）、饮片及成药（国药业）等是”。1939年的《上海之国药业》则认为中药即国药，中药业包括国药业和药材业，“上海国药业，药店为三百八十三家，药材行六十九家……药材行分行号两种：药行六十一家，草药行八家”。《上海医药志》认为上海的中药行业清末已形成三个自成体系的行业，即经营熟药零售的国药业，经营药材批发的药材业，以及经营滋补药材批发兼零售的参茸业。

这几种分类方式中本书比较偏向《上海医药志》的分类，即国药业、药材业、参茸业。因为从民国各类国药业社团组织和各行业参与社会事务、与政府之间的行政关系看，是以国药业、药材业、参茸业、鲜药业划分的，所以本书体系也基本沿用了这一分类。

二、1949年以前上海国药业的发展史

国药号的发展

上海的国药业历史是很悠久的。最初是一些零星药商走方卖药，到元大德三年（1299年），松江府官医提领所设置惠民局，开始官营药物制作和销售。明万历三年（1575年），川沙开设“长生药材”中药店，产销中药，坐堂经营。至清康熙、乾隆年间，上海有数十家中药店。其中，康熙三十四年（1695年）开设的姜衍泽堂药铺和乾隆四十八年（1783年）开设的童涵春堂中药店传承最久、最有名。

1843年上海开埠以后，上海国药号迅猛发展，各地有名的国药号纷纷来沪开设分店，著名的有苏州雷允上诵芬堂药号、宁波冯存仁堂药号、汉口蔡同德堂药号、广东鹿芝馆中药店和陈李济分店、北京同仁堂乐家老铺分出的“京都达仁堂”“树仁堂”“宏仁堂”、杭州胡庆余堂等。这些来自不同地域的药号在上海出售自家或当地药号的特色丸散膏丹，成为上海国药号重要的组成部分。

除了外埠药号设立分号外，上海本地的药号发展也很不错，如姚泰山、王大吉、奚良济、郁良心、徐重道、同春堂、颐寿堂、天吉堂、长寿春、王元道、保和堂、朱三山堂、苏存德等。其中，徐重道国药号是民国时期上海本地创办最成功的药号之一，创始人是浙江慈溪人徐芝萱，最多时达到了十七家连锁店，营业额直追“四大户”。

民国时期，上海国药号最有名的就是“四大户”“八大家”。“四大户”即胡庆余、童涵春、蔡同德、雷允上；“八大家”是郁良心、奚良济、姜衍泽、王大吉、姚泰山、叶树德、叶天德、苏存德。除了“四大户”“八大家”外，徐重道、李众胜、冯存仁、虎标永安等中小药号也繁荣发展，如雨后春笋遍布全上海。至1949年时，上海药号已经达到了四百余家，从业人员5 000余人。

药材行的发展

药材批发是什么时候进入上海的已不可考。童涵春堂创始人童善长最开始就是以批发药材起家的。清道光三十年（1850 年），嘉兴嘉广生药材行迁入上海营业，从事中药材批发。随着药材业的兴起，南市里咸瓜街逐渐成为上海药材批发集散地。最兴盛时沿街大中型药材店五六十家，运销各地药材，批发业务遍及全国，成为全国药材六大集散地之一，还出口日本、朝鲜、东南亚等地。这些药材批发商主要以地区为界，经营固定地区所产的道地药材，不从事药材炮制，只从产地购入生药，再贩卖给药号或者药厂，与其他行业一样领有牙贴和包捐。

参燕业的发展

19 世纪 30 年代，参茸、银耳的经营业务从中药店分离出来。上海最早的参店是清道光十八年（1838 年）由胡雪岩开设的阜昌参号。至清光绪三十二年（1906 年），上海已有参号 15 家，地处南市里咸瓜街，逐渐形成参燕业。随着租界和北市的兴起，北市南京路也开了不少参燕号。参燕业受市场环境影响很大，如抵制美货、抵制日货时期，西洋参、东洋参、高丽参基本绝迹。“九一八”事变爆发时，参燕业受到极大打击，几尽毁灭，只有数家较大的参号惨淡经营，但随着上海时局的稳定，很快又恢复过来。

国药业除了国药号、药材行、参燕业外，还有鲜药业。鲜药有季节性，必须随采随用，从事该业的人大都居住在上海近郊，如龙华的药农和药贩。营业范围既狭，故多不设店铺，都是一些摊贩。他们专采四时鲜药，如鲜芦根、淡竹叶、鲜荷叶、鲜佩兰等，售与药铺。鲜药业在民国时期也有社团组织，即鲜药公所，用来组织药农、药贩，规范行业制度，便于政府管理。

开办中药厂。随着西方现代制药业进入，国药界也兴起了改良国药的浪潮，国人先后成立了粹华制药厂、国华制药和佛慈药厂等，这些药厂都是以改良国药为己任，想通过这种方式实业救国。在经营过程中粹华制药厂破产，而佛慈药厂创办成功，在中华人民共和国成立后，搬到甘肃。还有一些药厂，国药和新药同时经营。

三、民国时期上海国药业的特点

坚持“道地药材、虔心修制”

“道地药材、虔心修制”是国药业各行最根本的经营准则和行规。国药号的店招上每家必书“道地药材”“虔心修制”以示药材的正宗和丸散膏丹制作的精良。如雷允上麝香必用杜盛兴香行供给的“杜字香”；犀黄采用金山黄；珍珠购进老港濂珠；陈皮用广陈皮；薄荷用二刀薄荷等。胡庆余堂门楼上书“真不二价”“戒欺”匾额，遵从“采办务真，修制务精”。京都达仁堂“选料纯正，炮炙严谨，工艺精良，货真价实”。雷允上精制“六神丸”、童涵春堂的“童薄片”……无不体现着中医人在选料用药上的匠人精神。

药材行从产地进购药材的时候，就对药材的产地、年份、形状、质量等进行严格筛选，这些药材贩运到上海以后，由各药行、药厂的采购员再分等级买入，以保证原材料的纯正、道地。

参燕业对人参、燕窝、鹿茸等名贵药材的质量和产地更是精益求精。人参、燕窝、鹿茸、银耳是参燕业的主营产品，这些名贵补品价格甚巨，消费者基本都是显贵富豪，所以对质量、产地、年份不能有丝毫马虎。比如利润最厚的人参，就分很多种，有老山、大山、扒山、移参、秧参、石柱、高丽参、东洋参、西洋参、白参之别，价格相差非常大，就是相同种的人参，也会因产地、年份、品相不同，价格不同。

前店后场向现代化药厂转型

自古以来，国药号都是前店后场的经营模式，即店前售卖各种饮片、丸散膏丹、医生坐堂看诊，店后是炮制饮片或修制成药，如姜衍泽、雷允上、童涵春、胡庆余等大药号，在成立之初都是前店后场的模式。还有民国时期创办的一些中小药号，如同春堂、长寿堂、颐寿堂、泰山堂、保和堂、王元道等，受规模和资金的限制，基本上以前店后场或家店合一的模式为主。如颜亦鲁开设的“同春堂”，一楼是药店门市部，二楼设有切片室、厨房，除了解决家人吃饭问题，也可以代客煎药；亭子间是住人的地方。同春堂店后从事碾药、晒药、收药，炮制中药饮片、熬膏、调配中药、手工制作丸药等；同时也开发一些验方，如喉枣散、妇科千金丸等成药，或代售其他地区的成方名药。

民国时期，新型药厂兴起，一些大的国药号和有志之士，开始利用银行信贷扩大经营规模和范围，开办工场或药厂，利用机械加工成药，刮起了改良国药的新思潮。如童涵春堂在童祥权的经营下，扩大经营范围，在日晖港处开设木行，耗资3万两白银，购置四条平底沙船，利用黄浦江黄金水道，往来于南、北洋之间，从饮片、丸散膏丹扩展到药材批发、木材货运。蔡同德堂在杭州自建胶厂和酒厂，专煎驴皮、龟板、虎骨、鹿角、鳖甲等荤胶和枇杷叶、益母草等素膏，雇用绍兴酿酒师傅，自进高粱、粟米，酿造白酒，为配制虎骨木瓜酒等各种药酒的原料。京都达仁堂借鉴西方的工厂化、机械化、规模化的路子，开办达仁堂制药厂，建有生产大楼和仓库大楼，用电动碾代替牲口石碾，用印刷机代替木刻印制仿单，用冷冻机代替天然冰块冷藏药品，除了药厂，还建了养鹿场、蜂场、参行、钢厂等。佛慈制药厂各种机器设备齐全，用泗汀另锅炉、机械制药，机器均设在楼下，楼上工场则设有短波电光室、化验室、原料室、制品室、药品室及附属品、瓶盒、印刷、装潢等室，北面为工务室、会客室，又有中西医药图书室等。[国货半月刊（上海），1933：2.]

在经营管理、财务人事上，国药号也大胆改进。一般国药号的资方不参与行政管理，聘请经理全权处理业务与行政。以蔡同德堂为例，设经理一人，内外瞭高各一个（内瞭高相当于副经理，外瞭高坐镇于外面店堂间），进货一人，账房二人（出纳、总账），杭州胶厂设管理一人，上海市酒厂由店经理直接管理，仅设财会一人以供协助。店内各部门均各设领导，管理与安排各自的工作，如营业部的头柜、二柜，刀房的头刀、二刀等。人事管理方面，各部门领导大多数是从部门工作中逐步提升，因此具有一定业务知识和丰富的经验。财务会计制度，蔡同德账房间有现金出纳与总账结算各一个，账务虽采取旧式簿记，但均按规章处理，资产负债损益计算都能准确表示，制度比较健全。

家族经营向股份合资转型

传统的国药号都是由个人开办，然后在家族内部传承。如雷允上诵芬堂，最初由雷允上创办，由雷氏族人经营管理，虽然在太平天国攻破苏州时，苏州的雷允上毁于战火，雷允上的孙子雷子纯在姻亲平、童两姓的资助下，开设了雷允上诵芬堂上海分号，三家合资，但到清光绪二十七年（1901 年），雷氏族人回购了平、童两家的股份，结束了合资局面，仍由雷氏独家经营。也有自他人手中购得，如童涵春堂，童善长买入“竺涵春”后，因“涵春”两字寓意甚好，就改竺姓为童姓而成“童涵春堂”，由童氏经营；徐天成国药号被邵佐宸独资买入后，也没有改名，只是在“徐天成国药号”后面加入“协记”两字。

这种家族经营模式到民国时期渐渐向股份合资转型，造成这种结果的因素有很多。如财产没收拍卖，1911 年辛亥革命后，浙江省军政府没收了满族官僚在浙江的财产，胡庆余堂被没收，登报拍卖，被施凤翔等 13 人竞标买入，自此胡庆余堂进入股份时代。还有金融投机失败，如童涵春堂，传至童广甫后，因童广甫缺乏经验，进行买空卖空的金融投机，致使童涵春堂债台高筑，回天乏力而出盘，1932 年童涵春堂以债转股的形式进行重组，自此改为由四明银行老板孙文甫、阜昌参行老板徐秉辉等 28 位股东共同控股的合伙企业，成立了股东会，店招不变，加“兴记”两字，以示区别。还有融资集资，如徐重道国药号，最初开办时，徐芝萱集资患者的日常零用钱开了第二家分号，然后又将开办的药号抵押给银行，利用贷款资金再开一家分店，通过这种开一家抵押一家的方式，很快开了十七家连锁药店。还有“一人多店”即一个人开设多家国药号的现象，如曾健一人就开设了仁寿堂、仁和堂总号、仁和堂分号和仁德堂 4 家国药号；胡惠恩和赵世芳除了担任蔡同德堂的经理，自己还分别另外开设了同福堂和赵翰香居。

股份合资的形式是民国以后国药号发展的趋势，是大型国药号和药厂的主要资本模式。而一些小的药号或者新创办的药号，还是以独资为主。

仁爱济世，众志救国

医药是治病救人之术，“医乃仁术”，“仁”“爱”是医药的根本。国药业虽然也是商业贸易的一部分，但是其“治病救人”的根本宗旨就要求国药业不能唯“利”是图。“仁爱济世”一直都是国药号的商业准则之一，哪怕是在动乱的清末民国，国药号也是以“仁爱济世”“众志救国”为己任。

民国上海地区有很多孤儿，一些爱心人士就创办了果育堂，很多国药号会定期捐款，有人生病时也会捐献药品，“沪上各善堂，每届夏令，次第开局施医”。或者疫疬发生时，各药号也是降价售药、贫者赠药。如1902年时上海流行瘪螺痧、吊脚痧等，各药堂或医者提供治痧症的办法，并将霹雳散的药方公之于世，使患者能够随时买到。1926年时疫，广益医院所设临时时疫医院，连日施治时疫二百余人，中国红十字会沪城分会，自开幕以后，医治病人三百余人，各药铺如雷允上、童涵春、姜衍泽等，配制痧药，异常忙碌。遇到痢疾发生时，“姜衍泽发记施送痢疾丸，将家传痢疾秘方，修合药丸，分设施送，不取分文。该丸能治红白噤口等痢，刊有仿单，详载治法药引，兼治水泻等症，甚有效验，患痢疾者盍往试之”。（申报，1922-9-22.）

清末民国时期，中国时局动荡，整个国家陷入了战争的漩涡，各界有志之士都加入救国运动中，上海国药业也不例外，积极参与。如抵制美货、抵制日货，参与“救国储金运动”、购买“二五库券”，职工成立工人组织等。1936年蒋介石50寿辰时，各界赞助，药业同业公会特组织征募队、征募委员，分别向各药号劝导，热心赞助，努力推进，募得童涵春、胡庆余、蔡同德、王大吉、冯存仁、乐达仁、苏存德、奚良济、姜衍泽发记、叶树德、郁良心、叶天德、同德生、采芝堂、周益生、姚泰山、姜衍泽蕊记捐款，用于购买战机，参加战斗。

以地域文化为特色的行帮

民国时期，因大量人口涌入上海，各行各业的商人来沪经商，逐渐形成了以地域为特色的行帮。上海国药业界也有类似的聚积效应，根据全国药材交易分布的特点，形成了以无锡、扬州、镇江、南通等地为主的江苏帮，以宁波、绍兴两地为主的浙江帮，以及广东帮、京帮等国药业行帮。1943年3月25日的《调查国药号业概况》（上海档案馆，档案号：Q275-1-2018）指出："上海之国药号，共计有四百三十八家，其中以宁绍帮最多，占80%以上；粤帮次之，约廿余家；北帮有四家，即达仁堂、树仁堂、安仁堂与北平药局，前三家均以'乐家老铺'号召，实则均系始创业者乐氏之后裔，分枝各营，源出一家也。其他如镇江帮、苏州帮、南京帮、无锡帮、云南帮（仅有日月药房一家）等均仅数家，多至十余家。其中广东帮、北平帮与云南帮，仅售制成之丸散，规模较简，宁绍帮中包括宁波、绍兴、慈溪镇海三北区，以其家数最多，声势浩大，而掌握上海国药号之主干矣。"据曹春婷统计，江苏籍和浙江籍的国药号资方人数最多，分别占上海国药业资方群体数量的40.41%和37.26%；其次是广东籍和上海本地人，分别占上海国药业资方群体数的9.43%和7.86%。

每个行帮都有经营特色，如京帮主营北京、天津所产的成药，以大粒丸为主，它是将药物粉碎后，加炼蜜制成的丸剂，具有粉质细腻、蜜重柔软、服用方便、宜于保存等特点。广东帮则以凉茶、保济丸、甘和茶、万花油、红花油等成药，还有广东特产药物如广陈皮、广藿香、广地龙、广佛手等为主。

国药业成立各类同业公会

民国时期，随着上海经济、文化的发展，各种社会团体迅猛发展，遍及政治、经济、社会科学、自然科学、艺术、民生等各个领域。上海国药业界的各阶层人士也成立了很多社团组织，如从事药材批发业的喻义堂（1877年），大型零售业和义堂（1788年），中型零售业信义堂（1905年），参茸业建参业公所（同治年间），新鲜药材商成立鲜药公会，药业伙友成立药业友谊会（1920年）、参业同志会等。1927年和义堂和信义堂合并成立了国药业同业公会，药业友谊会改为上海药业工会。这些公会对内管理会员，处理行业内的各项事务及会员的申请，如组织药王祭祀、抵制日货、抗议"废止中医"等，对外配合政府对行业进行管理、收税、制定行业规范和标准等，如罢工运动、失业救济、反对药业领照等。

1929 年“中医保卫战”

1929 年 2 月，国民政府卫生部召开第一届中央卫生委员会，余云岫、褚民谊等人先后提出了四项相关议案，其中包括“废止中医案”，以达到中医自然消亡的目的。此案一出，激起了中医药界的强烈抗议，全国中医药界采取了组织社团、抗议请愿等多种措施进行抗辩，“上海特别市医药两界同志，唇齿相依，休戚与共，值此暴法横加，断难忍受”，上海特别市中医协会、上海特别市商民协会药业分会、喻义堂药业公所、宝义堂药业公所、上海特别市药业职工会、沪南药业职工会、上海特别市商民协会参业分会、上海市参业公所、神州医药总会、中华医药联合会、上海中医学会等四十余家国医药组织参加抵抗运动，最后在全国中医药界的共同努力下，中央卫生部终止了“废止中医案”。3 月 17 日被定为国医节，每到这一天，上海市国医公会、神州国医学会、中华国医学会、国药业公会、药材业公会等团体，都会举行国医节纪念大会，发扬固有文化，维护中国医药。

锐意进取，开拓创新

国医国药能传承数千年，有一个很大的原因就是她不拘泥固守，因时而变、因势而变、因人而变，开放包容，不断创新。传承数百年的国药号一直在开发新产品，优化已有产品，在不断地创新和进取中获得新的生命动力。如雷允上的“六神丸”就是由后代子孙雷子纯研制而成的，后经雷氏族人不断优化，最后成就了“神药”之名。还有童涵春的“太乙保珍膏”，由童蕙楼研制而成，专治跌打损伤，由于价格低廉，深受浦江两岸人民喜爱，也为童涵春堂盈利不少。

清末以后，西方化学、药物学传入国内，兴起了“改良国药”的思潮。国药业很多人都致力于改良剂型、提取药物有效成分、大面积种植药材，以发展国药产业。如徐重道国药号，在 1935 年设立新药部，主要从事以中草药为原料的各种中成药，如糖浆、溶剂、药水、糖衣丸、夏季饮料、高级补品等，先后开发了三十多个产品。还有佛慈大药厂，因感于“我吾国科学之落后，中药遭天演之淘汰”的现状，立志“科学提炼，改良国药”，开发出内外妇儿各科用的丸散膏丹一二百余种以及药物提取剂，如镇咳化痰剂桔梗素、治咳镇痉剂杏仁精等，还有“佛慈药厂的人造象贝”等。通过每代人不懈的努力，国药业不断锐意进取，开拓创新，最终经历了战争的考验，浴火重生。

广而告之，重视宣传

广告，自古以来就有，国药业中有些药铺常以鱼骨、海龙等中药材实物作为“市招”；药铺门口挂一个大葫芦，寓意“悬壶”；或放一个针灸铜人……还有各种药幌子、药物商标、对联广告、仿单、招牌等，不一而足。还有一些活宰活动，也是国药号常用的广告手段。如余天成国药号每隔一两年的冬季，就会举行“打唱宰鹿”，在店堂一侧吹打演唱，另一侧活宰梅花鹿，这项活动成为“余天成”的传统特色，他家的全鹿丸也是盛名在外。各药号编制药目，四处分发，扩大宣传，如《胡庆余堂雪记丸散全集》《姜衍泽堂药目》《蔡同德堂丸散膏丹》等。

到了现代社会，广告更是无处不在。除了传统的广告方式外，报纸、期刊、电影、广告牌、画报、传单、日历等都刊载过药业广告。国药业刊载的广告主要有新开业、迁新址、冬令进补、节日朔望打折、声明启事、特色产品、新开发产品等。如国药号都喜欢用“道地药材，虔心修制”“经营各地道地药材、特制丸散膏丹、吉林野山高丽人参、关东毛鹿茸、官燕，杜煎虎鹿龟驴仙胶、四时花露、各种药酒”做广告词，在报刊上进行宣传。或者由一些大同行在特殊的日子联合打广告，如1940年元旦，医药界在《申报》上“恭贺岁釐，敬祝健康”的医药专版广告（图 1）。论起民国时期国药号中广告做得最好的当数徐重道，当时马路、铁路沿线、车站、码头等户外场所，都能看到徐重道国药号委托制作的药品广告；接方送药时药伙都穿着印有“徐重道国药号”的广告衫在大街小巷给患者送药；制作16开装订精美的《健康顾问》小册子，介绍医疗实例，宣扬自家成药，每本书的封面有不同号码，根据奖券号码为凭，给予购药顾客头等奖 5 000 元、二等奖 1 000 元奖金；在总号落成开业时，又在国内各大报纸，如上海《申》《新》、天津《大公》《益世》、北平《晨报》刊登大幅广告，随报赠送精制挂历，轰动一时；积极参加国内外商业展会，将产品打入国际市场。

图1　药业专版广告
（申报，1940-1-1.）

除常规的广告外，国药业会通过举办国药展览，以增加国内外同行之间的交流。如1936年4月1日由上海市国医公会发起，联合药材业同业公会、国药业同业公会、参燕业同业公会及市立植物园等，组织了上海市药物展览会，展览会分为三期举行，分别在中国医学院、市立植物园、药材业市场展出。1942年4月18日在吕班路二二三号震旦大学博物院举办药物展览会等。除了参加国药展览，有特色品牌的药号也会参加一些国货展览，如雷允上的六神丸、童涵春的童薄片等，都获得过奖牌。

打假维权，注册商标

传统的国药号都会有自己独特的产品，这些产品是每个药号立足的根本，因为效果显著，被大众认可，都能传承上百年。比如姜衍泽的宝珍膏，自问世以来就因疗效显著，用药精良，被一些狡狯之徒假冒，所伪制的假宝珍膏从招牌、仿单到图记，无一不伪，几可乱真，姜衍泽号就经常在报纸发表“宝珍膏方只有发记一家，并无分店”的声明，同时注册了“铁拐李”商标。雷允上也遇到假冒六神丸的事件，就申请注册了“九芝图”商标，尽管如此，日本人仍钻了商标法的空子，注册“雷允”“雷允号”等相似商标，销售药品，为此，雷允上与日商打了两年诉讼，最终胜诉，撤销了日商“雷允”“雷允号”的联合商标。另外，童涵春堂注册“涵春”商标，蔡同德注册“鹿鹤寿星”商标，王大吉以“锡葫芦”为商标。

此外，民国时期上海中药业开创了接方送药、代客煎药、优待券等业务。

接方送药、代客煎药、优待券都是由徐重道国药号发明的。1937年抗日战争时期，上海沦为孤岛，局势紧张，出行不安全，很多人生病以后不方便抓药、煎药。徐重道针对这种情况，首创了“接方送药，代客煎药”的服务项目。当时，只要患者往徐重道国药号打一个电话，药伙就会上门接方，将药物煎好后，给患者送到指定地点。这两项业务一经推出，深受广大市民欢迎，徐重道营业额激增，甚至超过了老牌药号。其他药号如姜衍泽、雷允上、胡庆余、蔡同德、童涵春、姚泰山、王大吉、冯存仁等大药号见此情景，纷纷效仿，成立了接方送药部、代煎部。发展到最后，“接方送药，代客煎药”就成了上海国药号基本的服务项目。

“优待券”是徐重道在早期经营时扩大宣传的一种方式。徐重道刚成立的时候并没有名气也没有影响力，徐之萱就派店员从大街小巷张贴的医疗广告或者报纸上的医疗信息中摘录医生的名字，然后分等级进行登记，送礼上门。他们给知名度较高的名医送上名贵的皮货，给一般医生送上工艺品和日用品，让这些医生在给病人诊完病后，送病人一张“优待券”。“优待券”上面统一印有这样几行字“徐重道国药号诚心为病家服务，重道轻财，七折优待”。很多医生收下礼品后盛情难却，便在开药方时顺手递给患者一张“优待券”。病人拿到后，都到徐重道国药号买药。一时之间，徐重道门庭若市，生意红火，其他国药号见到这种新奇的优待券，也印制自己的“优待券”招徕生意。最后这种“优待券”衍变成“代价券”，即在上面印“一分”“二分”“五分”的金额，可以抵扣现金，据有关史料统计，各大药号都印有自己的代价券（图2、图3），如天吉堂一分、二分、五分，德仁堂二分，章大全一分、二分，泰山堂一分、二分，上寿堂二分，香山堂一分，无量寿一分、二分，同德康一

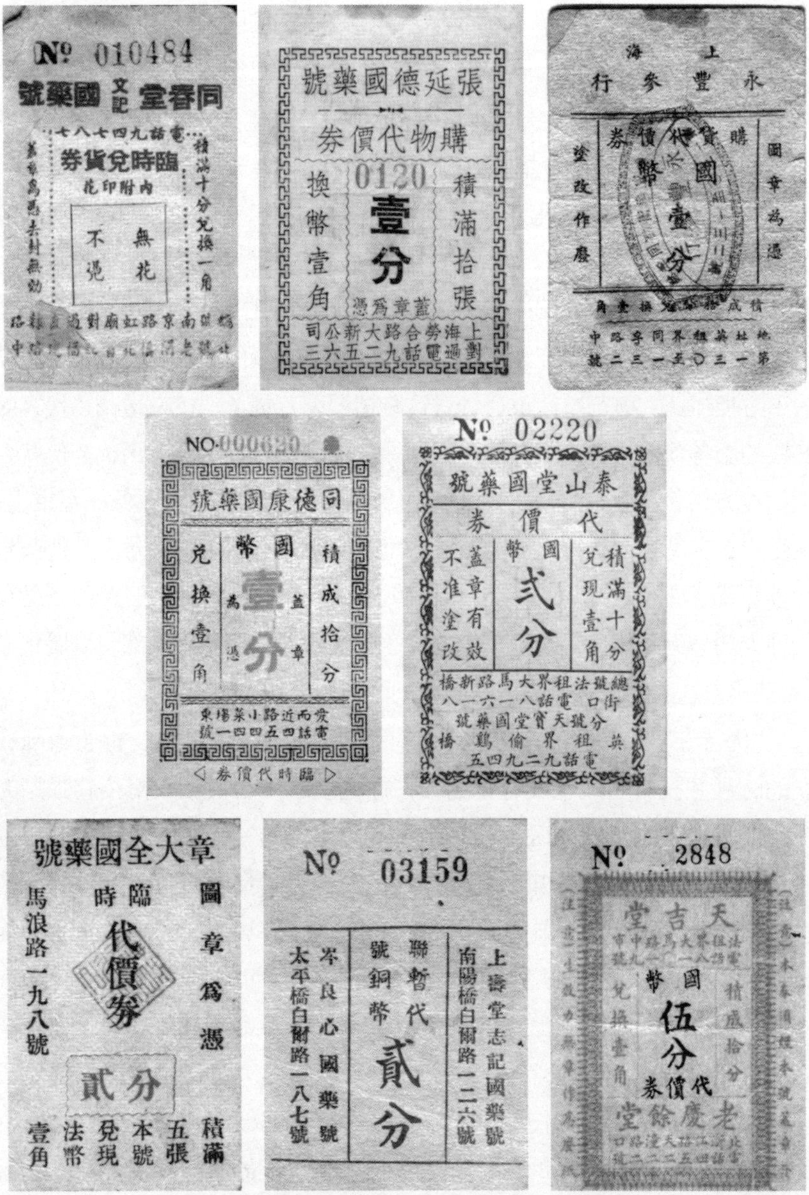

图2　民国时期上海各大药号发行的各式代价券之一

分，同春堂一分，荣仁道堂一分，上海朋寿堂一分，太乙堂一分，上寿震记一分，庆余堂一分、五分，张延德堂一分，施天德堂二分，天成堂二分，松鹤堂一分，陆庆余康记二分。除上述的国药号代价券外，尚有上海永祥参号一分，瓣香庐骥制半夏总发行所一角。

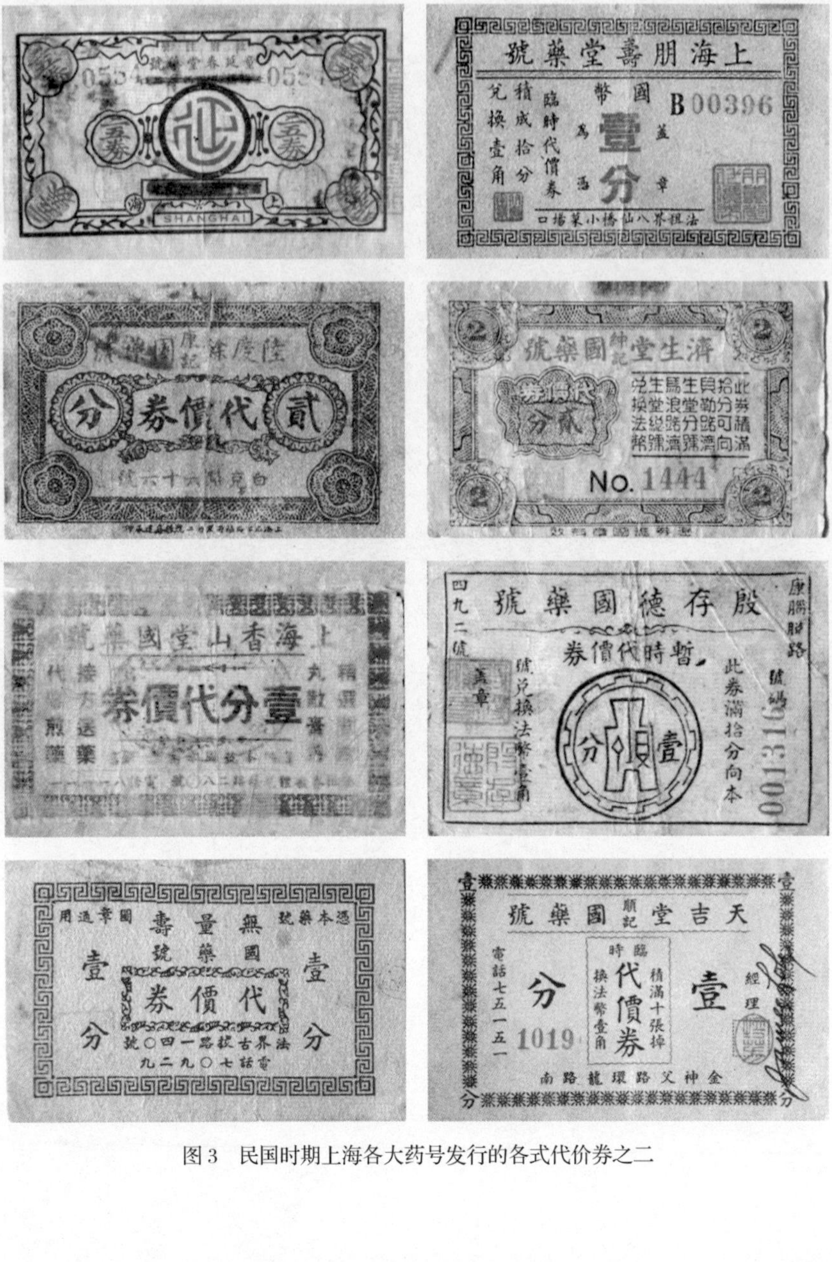

图3　民国时期上海各大药号发行的各式代价券之二

药 肆 文 化

民国时期上海国药业的社团组织

民国时期，随着上海经济、文化的发展，大量外来人员集中在这个曾经的海边小镇，使之成为亚洲最繁荣的城市之一。随之，各种社会团体迅猛发展，遍及政治、经济、社会科学、自然科学、艺术、民生等各个领域。上海国药业界的各阶层人士也成立了很多社团组织，在保证各阶层利益和行业发展中，这些社团组织发挥了重要作用。

当时的上海国药业主要有这样一些行业团体组织，从事药材批发业的喻义堂（1877 年），大型零售业和义堂（1788 年），中型零售业信义堂（1905 年），参茸业建参业公所（同治年间），新鲜药材商成立的鲜药公会，药业伙友成立的药业友谊会（1920 年）。

一、和 义 堂

和义堂是上海国药业最早组织的药业行会，成立于清乾隆五十三年（1788 年），设立在南市药局弄 95 号的药王庙中（图 4），它是由当时的大药号联合建立的，如冯存仁、蔡同德、童涵春、叶天德、奚良济、老姜衍泽等。由于上海国药店逐步增加，需要进入行会组织的国药店越来越多，于是和义堂就规

图 4　和义堂药局弄地址

图 5　国药业和义堂大同行联合广告
（申报，1933-11-30.）

定，一次交纳入会费五百两白银才能成为和义堂的会员，大部分中小药店因出不起入会费，而被排挤在外，所以和义堂也仅有蔡同德堂、叶天德、冯存仁、苏存德堂、王大吉、奚良济、叶树德、姜衍泽发记、姜衍泽蕊记、同德生、郁良心、姚泰山、老天成、采芝堂、周益生、童涵春堂十六家。

和义堂作为上海地区大药号的联合，他们占据了饮片业大部分的主动权（图 5），稳稳地成为饮片业的风向标和规则制定者，这就损害了中小药号的利益，于是各中小药号联合起来成立了信义堂，与大同行和义堂分庭抗礼。此后，和义堂被称作老司年或大同行，信义堂被称为新司年或小同行。

1. 酬神大会

1788—1820 年，和义堂同行在小南门药局弄同仁辅元堂旁边，购地重修药王庙，作为同业祭祀及行会和义堂议事的地点。会主由每家药店轮流值年，主持行会内的各项事务、捐款、祭祀等。每年农历四月二十八日药皇诞辰的时候，和义堂就会组织酬神会，在朔望日或节日（端午、中秋、春节等）也会拈香聚会，解决同业纠纷、药业事宜等。

每年的酬神大会非常热闹，肇嘉路药行公所喻义堂及饮片业和义堂、信义堂等均会在这一日举行酬神大会。最热闹的当属和义堂，到了四月份，轮值的药店就从宁波等地请来名角，在药王庙演戏酬神，从阴历四月二十二日开始，一直演到五月初旬日。在圣诞日正日，和义堂会在药王庙宴请同行、商联会、友谊会、新闻界、警界及其他社会团体。同时，还例行召开同业大会，商讨一年内的药业计划或处理药业事务等。

南市区药王庙的酬神会，是上海老城厢的一大特色，热闹非常，每到四月底都有很多人甚至外乡人慕名参观，为了保证安全和秩序，在庙会筹备时，和义堂就会给警察署发函，在庙会期间，请巡警到场。

药王庙：又称药皇庙，位于上海南市药局弄，里面供奉的是神农氏。据《上海县续志》载："药王庙在药局弄，乾隆五十三年（1788年）积款筹建，嘉庆初购地卜筑，前构戏台，中建大殿，供炎帝像。后为和义堂，东盖徐屋外，缭以垣。二十四年（1819年）重加修葺，议立规条。知县叶机有记，历代巡道恒于夏秋季，假此施药。"还有一种说法，按照《黄浦区药材志》："药王庙由金芳苞倡建而废。乾隆十一年（1745年）上海知县王廷率药铺、医药等重建，地址在药局弄91号，乾隆十四年（1749年）竣工，作为广仁堂施药。嘉庆元年（1796年）上海药店大同行重修药王庙，嘉庆二十四年（1819年）竣工，内设和义堂作为同业憩息之所，有公事则公言之。1905年中、小同行创建信义堂。两会的活动，有聚会祭祀、议定价目、主持捐款和调解纠纷等。"

虽然《上海县续志》和《黄浦区药材志》对最早建药王庙的记载有差异，但是药王庙的确是大同行筹建的，作为和义堂的议事厅。后来在1819年又重新修葺，仍然作为和义堂的议事堂。20世纪50年代以后，药王庙改为上海市南市区乔家路小学，在今小南门乔家路药局弄95弄1号。1975年乔家路小学并入中华路第三小学，药王庙原庙舍也全部拆除改建成一批公房。

2. 参加爱国运动

参与"救国储金运动"

救国储金运动是1915年4月由上海发起的影响全国的救国运动。起因是1915年1月，日本向袁世凯提出了"二十一条"。当"二十一条"被国人知道后，日本的侵略野心激起了国人强烈的民族情绪和炽烈的爱国热情。4月1日，一名爱国志士在《申报》上倡议开办救国捐，并自愿捐献财产的1/10。此议一登报，响应者纷纷。一场由民间发起，波及全国各地，以储金为主要形式的爱国运动迅速漫延，这笔资金专门用于国家购买武备之用，被命名为“救国储金运动”。

上海国药业和义堂也是积极响应，“集解各号储金三千四百元……蔡同德全体八百元、冯存仁全体四百元、童涵春全体六百元、乐达仁全体五百元、姜衍泽发记全体二百十元、叶天德堂全体二百元、苏存德全体二百元、采芝堂全体五十元、周益生全体三十五元、姜衍泽蕊记全体三十元、周德生全体三十元、姚泰山全体二十五元、老天成全体十五元、奚良济全体二百元”。（申报，1915-7-4.）

抵制日货

1919年因青岛问题引发全国抵制日货运动，和义堂也在《申报》上发表声明，上海国药业全面禁止买卖日货（图6）。

藥業飲片和義堂公議不進日貨

图6　和义堂抵制日货声明
“青岛问题外交失败，同人等会众在药皇庙外决议，自四月念一日起，所有日货一例停止卖买，众皆赞成，坚持勿懈，愿我同业各尽天职”。（申报，1919-5-22.）

1919年第一次世界大战结束后，美、英、法、日等帝国主义国家在法国召开巴黎和会。与会的中国代表向会议提出废除袁世凯和日本订立的不平等条约“二十一条”，要求将德国在山东的租借地青岛以及胶济铁路等归还中国，但是遭到帝国主义国家的拒绝。4月29日至30日，参加巴黎和会的英、美、法三国召开会议，日本代表应邀出席，在中国代表不在场的情况下，议定了《凡尔赛和约》关于山东问题的条款，将德国在山东所攫取的权益让与日本。消息传出，举国愤怒。1919年5月4日，北京大学等13

所大专学校 3 000 多人，挥舞着小旗，高举标语牌，来到天安门。标语牌上写着“外争国权，内惩国贼”“取消二十一条”“拒绝在巴黎和会上签字”等。引爆了全国抵制日货的运动，上海国药业和议堂就在行业发出了停止买卖日货的公约。

劝募“二五库券”

“二五库券”是中国政府最早发行的短期债券。以江海关、津海关所征 2.5% 关税附加税担保，故名。1927 年 5 月，江海关发行“二五附税国库券”三千万元，月息七厘，从同年 7 月起，分三十个月摊还；同年 10 月，江海关续发“二五附税国库券”四千万元，月息八厘，从 1928 年 1 月起，分四十九个月摊还。

上海各个同业公会纷纷响应，国药业也踊跃认筹。“饮片业商民协会药业饮片业分会，于昨日起，由常务委员张梅庵亲自率同职员承秋声、朱鸿钧等往各大小药铺挨户劝募‘二五库券’，认购者极为踊跃。其成绩如下：胡庆余堂认一千元，童涵春堂七百二十元，蔡同德堂六百七十元，王大吉堂二百七十元，叶天德堂二百三十元，乐达仁堂一百七十元，苏存德堂、姜衍泽堂发记各一百三十元，徐重道总支店合认一百二十元，奚良济堂、郁良心堂各一百元，叶树德堂七十元，姜衍泽堂蕊记、同德生堂各五十元，保和堂四十元，姚泰山堂、宋存德堂各三十元，周益生堂、采芝堂、同寿康堂、严乾升堂、周衍德堂、诚济堂各二十元、大亨堂、林同寿堂、胡南山堂、林震源堂、益和堂各十元”。（申报，1928-4-6.）

3. 统一日历

民国时期，公历和农历在中国并行，有些病人会搞错，和义堂就在行业内统一规定“本年旧历九月底市上通行历本大建小建，莫衷一是，吾业有朔望关系，必须考订详确。兹照总商会调查，遵中央颁发历书，载明九月份小建十月份大建，时此通告，凡吾同业一体，遵照免致参错”。这样通过行业能统一规定，使各药行遵照执行，有利于发展和引导病人。

4. 反对中药店注册政策

1923年，民国政府北京内务部特设上海违禁药品管理局，办理中西药店注册事宜。和义堂范经畴、信义堂王沛麟等代表中药店向管理局提出反对注册制，认为“吾业遵古法炮制药材，药料有以久陈为贵者，亦有须附着原有沙土以保存其药性者，若经外人之手检查取缔，难免不因误会而起纠纷”。（上海总商会月报，1923：12.）中央政府实行中西药店注册制有一个很大的原因是“管理毒药为主旨”，如吗啡、高根、安洛因及其他精神、麻醉类药品。国药业大小同行认为国药号经营的都是动植物类药品，这些新药均是西药产品，只需对西药店进行注册管理，不应对中药店施行注册制。但这个申请并没有被通过，因为在民国时，受西方药物学的影响，很多中药店都开始改良中药、中成药，“中药药店往往仿照西法制造丸散膏丹，难保不违犯禁令，搀用禁药等”。从这一点上看，也的确有一定道理。在一些中成药中加入西药成分在现代制药中是很常见的，当时卫生部出台这样的政令也是顺应时代，毕竟民国时期中西汇通也是社会一大思潮，有一部分医药界志士也在探求中西汇通的可能性，以此改良中医药。

二、信义堂

1905年，50余家中小型药店在小南门外仓桥市房一所组织建立了信义堂，自此信义堂与大型药号的和义堂分庭抗衡。和义堂入会的费用是500两白银，这就将很多中小型药店排除在外，自从和义堂成立以后，上海的国药业几乎被和义堂的国药号垄断了，不但优质的药材优先配给大药号，政府官署有关国药业的事宜也是通过和义堂商议解决，药材价格也是由和义堂定价，和义堂还拥有大部分的客户，中小型的药店经营越来越难。于是，1905年50余家中小型药店在小南门组成了信义堂，即后来所称的小同行或新司年。

信义堂自成立以后，就不被和义堂认可，“药业饮片向均以和义名，自后有数家意气用事，遂分立信义堂”。在信义堂成立之初，就要办一家慈善机构“养病院”，当时向和义堂劝捐，和义堂的店主均不认同信义堂，拒绝了捐助。信义堂将此事广为宣传，损害了和义堂的名誉。和义堂就在报刊上登了启事，斥责信义堂不是“劝捐”而是“勒捐”。

在未暴发药业罢工之前，和义堂和信义堂的矛盾是行业内话语权、主导权的矛盾。和义堂作为大公所有资金、信息、市场、人脉上的先天优势，一直都是占据着主导地位，信义堂是小公所，是中小药店联合而成，虽然资金规模不能与大公所对抗，但是胜在数量多，其实力也不容小觑。两者虽是同行，但之间的嫌隙也是非常大的。

三、国药业同业公会

同业公会又称“行业公会”，是指从事某一行业的内部组织，具有强制力量以维护同行业的组织和纪律，近代工商同业公会制度是在民间工商业者的推动和政府的引导下建立的，很多同业会都是在早期民间组织的商会、行会基础上成立的。

1918 年，北京政府农商部颁布了《工商同业公会规则》，这是我国历史上第一个关于同业组织的政府法规，它的制定与颁布促使行会组织向新式同业组织转型，进入了一个有法可依的规范化时期。南京国民政府成立后，在 1929 年颁布了《商会法》与《工商同业公会法》，规定全国所有的工商业团体必须依法统一建立同业公会，这使同业会在组织设置、行业划分、规范化管理、数量等方面上都有长足进步和增长。同时，这种政府以法令方式的认同，也使同业公会在国家的政治、经济和社会生活中占据越来越重要的地位，提高了其公信力和影响力，成为政府职能部门和商业个体之间的桥梁。每个同业公会类似一个行业管理者，使本行业在政府监管下有序发展，在《工商同业公会法》颁布后，其数量大幅增长，在名称、章程、组织等方面也较北京政府时期更为规范。《工商同业公会法》规定了同业公会的发起条件、组织程序，制订章程，并报主管官署审批。其中，章程应载明同业公会的名称、地点、宗旨及办法，职员的选举及其权限，关于会议之规程、同业入会及出会、费用筹集及收支、违背规章者处分等都有详细规定。

同业公会的成立更符合现代商业发展模式。首先，在一定范围内调和同业之间的内部矛盾，互通信息，尤其是公会成员内部，一定程度上垄断了该行业的市场消息，使非会员缺失市场，利于会员发展，同时避免同行恶性竞争，形成良性的差异互补。其次，制定行业标准，规范质量标准或者服务标准，这样有利于行业整体水平的提高，促进行业良性发展。再次，对于职员、学徒等制定规章制度，设立奖惩事项、升职解聘等条款，这样保护了底层职员的权利，提升了积极性。最后，答复行政官厅的调查咨询事项，向主管部门传达商家的诉求、申请等，组织展览会、共进会及其他公共事业等。

上海的国药业同业公会是由和义堂、信义堂在1927年合并后成立的。促成大小同行合并的一个根本原因就是1926年发生的伙友罢工事件，当时国药业的主要矛盾已经不是大小同行之间的矛盾了，而是资方与劳方、店主与伙友之间的矛盾，为了应对联合起来的伙友团体，大小同行也联合起来，镇压伙友的反抗以保证资方的利益。1927年3月29日，“药业饮片和义堂、信义堂两公所，邀集同业，在法大马路鸿运楼聚餐，并开联席重要会议。和义堂董事毛子坚有事先行，公推信义堂董事王景泉主席，费慎斋纪录。张梅庵提议同业团结、素欠精神，现在环境所迫，潮流所趋，应有新的组织，亟宜两公所合并以厚实力，并改组委员制，以顺潮流。众赞成，决定两公所合并，改称上海药业公会”。（申报，1927-3-30.）经过几次商议以后，在“广东路二十一号临时办公处开第一次筹备委员会，（一）议决推张梅庵、陈天生为全权对外出席代表；（二）将答复职工会之修正条件公布；（三）赶办成立会手续，定四月一号正式成立”。

药业公会成立以后，按资本实力分成了甲、乙、丙、丁四个等级。根据不同等级，为应付伙友罢工事件，特设置薪资：“计和义堂（特等）

最少薪水二十元，加级加半元；（甲）三十人以上十八元，加级加半元；（乙）二十人以上十六元，加级加一元；（丙）二十人以下十四元，加级加元半，司务则十五元及十三元，加级加一元。信义堂（甲）二十五人以上十七元，加级加半元；（乙）十五人以上十六元，加级加一元；（丙）八人以上十三元，加级加元半；（丁）八人以下十一元，加级加二元，司务一律十二元。”（申报，1927-4-5.）

张梅庵（图7），浙江镇海人，家中世代经营中药业，自幼聪明多智，身怀大志，未及冠就大学毕业，毕业后先进入教育界，后从事军政事务。因中央卫生委员通过废止中医案，遂与国医界人士在上海召集全国医药团体代表大会，以抗争卫生会废止中医的非法决议。被选举为大会的主席，成为国药界代表，与张赞臣、蒋文芳、岑志良、陈存仁、谢利恒等代表国医药界，到南京向三全大会、中央党部、国民政府等分别请愿，最后抗争成功，中卫会废止中医的议案未得实行。

图7　张梅庵

大小同行合并后，先称为“上海药业公会”，后改称“上海特别市商民协会饮片业分会”。此后，国药业同业公会又历经三次改组，1930年9月，根据上海特别市商人团体整理委员会的意见，改组成立上海特别市国药业同业公会，会址在北京路盐业银行5楼。1936年11月，召开第三次会员代表大会，进行改选，推举高子文为主任委员。1943年7月1日根据日伪上海特别市经济局的安排，召开上海市国药业同业公会成立大会，讨论通过公会章程和业规。1945年8月抗战胜利后，根据《上海市各业公会整理暂行规则》的规定，同业公会进行整理，改称为“上海市国药商业同业公会”，会址设于宁波路520弄14号。1946年2月14日，召开成立大会，讨论通过修订的公会章程和业规，还制订《上海市国药商业同业售价遵守规约》。同年5月10日，同业公会会址迁北京西路152号。虽然经历数次改组，但实际上在档案中的记录显示，民国最经常使用的名称还是国药业同业公会。

国药业同业公会成立后，和义堂、信义堂就被取消了，公会采取民主投票的选举方式、现代化的理监事制度，定期召开全体会员大会（名义上的决策机构），理事会为日常事务的执行机构，监事会则为监察机构。在《上海市国药商业同业公会章程》中明确规定：本会设理事15人组织理事会，监事7人组织监事会，均由会员大会就代表中用记名选举法选任之。

同业公会的权力运作机构包括：决策机构——会员大会，执行机构——理事会，监察机构——监事会。现代化的理监事制度，使得监事会和理事会之间呈现一种权力的制衡。会员大会分为定期会议及临时会议两种，均由理事会召集之。定期会议每年开会一次，临时会议于理事会认为必要，或经会议代表十分之一以上之请求，或监事会函请召集时召集之。召集会员大会，应于十五日前通知之，唯因紧急事项召集临时会议时不在此限。会员大会由常务理事组织主席团，轮流主持。

同业公会的专业化程度加强，职能分工更加明确。上海市国药商业同业公会1946年2月23日第一次理监事联席会议上成立了两个专门委员会，一个是设计委员会，另一个是评价委员会，随着业务的发展和工作量的增加，又成立了五个专门委员会，分别是组辅委员会、业务委员会、文教委员会、法规委员会和财务委员会，分别协助常务理事会的日常工作（图8）。

同业公会对会员的管理更加深入。国药商业同业公会除了有理监事会及对其负责的各个专业委员会负责全市国药业的工作外，在全市9个区还各设立5～7名干事，协助同业公会将政令传达到基层各个国药号，也及时将辖区内各国药号的问题反映至同业公会，这些干事是公会和各国药号之间联系、沟通的桥梁。

国药业同业公会的职能作用主要是对上应付政府需索，代收钱款，

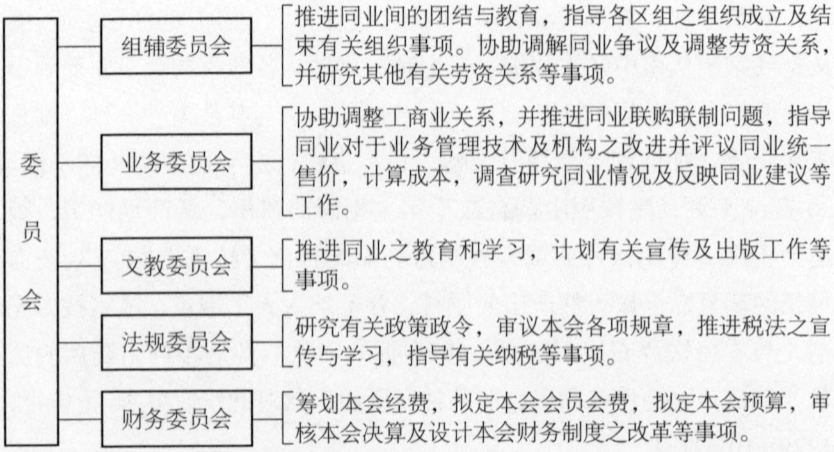

资料来源：《上海市国药商业同业公会章程售价规约各委员会组织规程以及批报章程业规约的往来文书和取缔中医设摊配方收取回扣的通知函件》，上海市档案馆，档案号：S279-1-2。

图8　国药商业同业公会的五个专业委员会及职能示意图

协助调查，筹集物资；对下维护业内稳定，解决纷争，加强职工培训和管理；对内制定章程和业规，协议药价，组织药王诞辰祭祀活动；对外既排斥其他损害本行业利益的组织或个体，又联合、援助可合作的组织和团体，但目的都在于维护本集团的利益。简而言之，同业公会的职能分为对公会会员管理的内部职能和同政府及其他团体联络的外部职能，即内治与外联的职能。国药业同业公会作为由传统公所转型而来的现代行业组织，集中体现了由传统向现代转型的特点。

四、药行公所喻义堂

药行公所喻义堂，是由上海中药材批发商在1877年联合成立的一个药行组织，在南市小东门外里咸瓜街，大部分是浙江籍商人，所以也被划入浙江帮。曾先后请朱潢、葛吉卿等为公所先生，由七大行轮流担任司年，保管房屋产业，承办厘金包捐，当时加入公所对象，仅限领有部帖或牙帖的“行”家，并须分认包捐，其他经营、拆兑草药，以及号家、客帮因没有领帖，不认包捐，不在加入公所之列。喻义堂商家不从事中药饮片加工、炮制，只是从各地收购贩卖原药到上海。他们有如下几个特点：① 药行公所的商家与其他商户一样，都是买卖货物，加取佣金，领有牙帖，认有货税，这与通常的药店不同。② 药品来源，是按照中药材数千年来相沿的惯例，从产地购买，贩运至上海，再由饮片业或特种制造药品的行商，按需选购。③ 药商经销的药材，全属天然产出的原料，并不加入人工炮炙，或者按方配剂，与零售饮片有很大区别。④ 雇佣的店伙与药店不同，药店的店伙要熟谙药物的性味归经，而药材商所雇店伙对此没有要求。（申报，1929-10-21.）

喻义堂在清光绪中叶，每岁七月下旬，必举行兰盆胜会一次，由首事者择日游行。刚开始的时候，仅仅用纸糊的鬼像若干，锣鼓数班，长锭数十杠，行香僧人一班，执香随行的同业数人，与夫高灯、牌灯、长梗之太平公醮灯而已。随着上海药材行兴起，胜会逐年升级，乃致离去打醮本题，竟成为赛灯之举。于是有纸制纱制之凉伞灯、玻璃或绸绢之九莲灯、纸制之京昆戏台阁十数座、九节黄龙灯、七节青龙灯、白龙灯，以及绫绢扎成之龙船、凤船等。船中笙箫迭奏，鼓乐齐鸣，并有人扮之医卜星相、鹿鹤狮象等，以及看马、顶马、香亭、清音一切，而殿之以收藏王纸像，衔接几及里许之长，经行须越一点余钟始毕。

变通新税率

1927年中央政府通行新税条例，其中涉及了一小部分产自国外的药物，如犀角、牛黄等。这部分药物虽是从国外进口，但却是中医常用的药物或者急救药，被列为奢侈品，重加税率。这样做会使药物价格上涨，病人或者贫困者无力购买，耽误病情。所以药行公所“呈请财政部再予审查药类品质，区别功用。除真正奢侈品外，其余药材，准照普通外货征税，以利民生而苏疮痍”。（浙省中医协会月刊，1927：3.）

五、药业友谊会

药业友谊会是各药号伙友组织的团体，成立于1920年。友谊会设立正副会长，聘请律师当顾问，1920年底时会员已经达到2 700多人。药业友谊会创立时，初名为“药业伙友联合会”，后来改为“药业友谊会”。当时在北四川路横浜桥中华基督教会开会，在法律顾问许理律师的见证下，正会长为张砚荪、副会长陈汉民。友谊会的成立主要是为了帮助广大底层伙友争取权力、增加薪水，为失业的会员提出申诉、重新就业等。

1920年1月，上海南市、浦东、沪西、闸北及租界药业伙友罢工，要求增加月薪。当时“药业伙友之月薪，自一元起，至多每月只有五元”，大药号每三年还有一次分红，小药号连花红也没有。于是，各药号伙友集体罢工。后经各方调解，最后裁定每位伙友每月加一元五角，次此罢工才得以解决。然而，罢工过后，店主却以各种理由刁难或解雇伙友，致使伙友抱团取暖，成立了药业友谊会，以应对店东的不公平待遇。

随着1920年罢工事件的结束，药业友谊会渐渐沉寂。直到1926年又发生了大规模的罢工行动，才又重新成立。主要有柳虞卿（道前街王保仁堂执业）、范允畏（抛球场苏存德堂执业）、过鹤帆（马立师路颜良济堂执业）及五名干事：张祥富（中虹桥药天德堂执业）、徐麟尧（关桥严大生堂执业）、范子衍（庙前益生堂执业）、张粹之（嘉兴路镇康堂执业）、周子镛（马立师路颜回德堂执业）。

到1926年，药业中的雇员已经达到了五千余人，加入友谊会的会员有一千余人，是一个很庞大的群体。绝大部分伙友都是从外乡来上海讨生活的贫苦之人，处于社会底层，长期被店主压榨，收入水平低于其他行业，加之当时物价上涨，薪水并不能支付全家的生活开销。所以在1926年中期，由药业友谊会领导广大伙友举行药业大罢工。

药业友谊会在未罢工之前先致函当时的和义堂和信义堂，“窃伙等离乡服役，作佣药业，羁迹上海，非敢他望，谋衣谋食。俯思近今百物昂贵，生计日促，债台高筑，维持乏术，际此米珠薪桂，度日无策，但以背井千里，风霜劳顿，虽然责重薪微，未尝不愿。奈以双亲两鬓之白已如霜雪，伶仃弱妻，稚子幼女，呱呱呜啼，尽云饥寒，见之泪流，闻之酸鼻。伙等回想生计问题，日艰一日，各行各业，无不增薪加俸，报纸宣传，已非一次。惟药业际此时艰，非但分文不加，间且将原有薄俸，减而削之，兼将沈前知事批准所加之每人每月一元五角，亦作无论矣”。从友谊会的信函中可以了解到，当时其他行业都相继加薪了，但是药业非但没有加，还将原来加的一元五角（1920 年罢工时全行业普加）薪水暗中克扣。

和义堂和信义堂在收到友谊会函件后，开会讨论。小同行信义堂结合当时生活物价水平，认为伙友提出加薪一事可以考虑，择日会招集各店主商讨。但是大同行和义堂完全反对，主张彻底查究，并提请租界当局取缔友谊会，以防发生罢工事件。大同行的这种做法不但没有平息事件，反而使矛盾进一步加剧。

1926 年 5 月 23 日下午三时开始，药业伙友举行罢工，蔡同德、冯存仁等大药号受影响关门，购药者无处买药。当时整个上海国药业情况非常严峻：

公共租界的状况：公共租界各马路之药店，已无伙友交易，大都店门紧闭，门外书有暂停数天等字。唯规模较小之药店，则仍开门营业，然不多观，且在市面冷落之地。故欲购买药饵者，莫不困难万状。

法租界之状况：前晚十一时后，法租界王天福等各药店，来有药业友谊会代表三人，要求各伙友一律加入罢业。故各药店伙友，均完全出店。罢业后，如店东学徒等在告者，仍照常营业。若告东不在店中，或学生缺乏之店，只得停业，并在店门上粘贴字条，书明原因“伙友加薪暂停营业”等字样。

城内之状况：小西门朋寿堂、存心堂等均各闭门休业，各在门上粘有“伙友加薪暂停营业”字样。

南市之状况：南市方面之药店，昨均未除门板，间有仅开大门或小门。如有配药主顾，即由学徒之年长者，出为配给。惟药品总包者多，而照常分包者仅属少数。

闸北之状况：闸北方面，有数家门虽关而有人在内，惟不正式营业。

吴淞之状况：吴淞药业伙友，自接沪埠药业友谊会函后，会发通知书，邀集各店主，于前日午后五时，假天福堂药店内，开会讨论加薪问题。届时因被天福堂号主拒绝在店中开会，当即改至某茶肆与各店主开一度之会议。店主方面，曾有增加二成之表示，而伙友方面，仍未满意。故于昨晨纷纷赴沪，加入友谊会，一致休业。故于昨日起，今镇各药店，虽仍照常开门营业，惟店内只留二三学徒及经理或店主看守而已。

各区伙友“陆续到城内药局路药王庙内齐集，自前日下午三时许罢工，直抵晚间陆续赶到药王庙者，有二千余人。推举代表范允畏、柳虞卿、□鹤九等，负责维持交涉。全体伙友深夜未散，均聚集药王庙中，大殿楼上下及阶砌等处，鹄立通宵”。在举行罢工期间，友谊会给到会者每人派大饼二枚、油条二条充饥。

第二天上海县知事危道丰亲临药王庙，承诺尽快解决问题。但是伙友与店主之间的斗争，并不那么简单，店主利用自身的优势，镇压伙友的反抗。“于五月二十四日起，各雇捕多人，监视同人之自由，同人等闻之，已惶恐无名。而某某等三家店东，竟于昨日下午五时许，鸣捕逮去伙友三人，余则均逐出店外，同人等供职店中，并无违法行为，似此漫无公理，横施残暴，同人等之生命已失保障。此而可忍，孰不可忍。迫不得已，惟有相率离职，出店避祸”“法捕房之查察……嗣在八仙桥东新桥将结队伙友驱散，并拘获二人，带入捕房……药业友谊会，并未经捕房核准成立。昨日上午，由捕头派探往查，会内空无一人，当由探将药业友谊会招牌取下，携同捕房，并令房主将门关闭，嗣后即无人至会”。法租界的捕房釜底抽薪，驱散集结的伙友，抓捕数人，并判定药业友谊会是非法组织，拆掉了药业友谊会的招牌等。

在镇压伙友的同时，店主也共同商讨，给予加薪，平息罢工。法租界全体药业店东，如王天福、颜同德、同仁堂、张济明、天吉堂、生春堂、新泰山等十余家，议决每人增加薪水洋二元，并即涵请本路商联会，转呈法当道，派探弹压。和义堂、信义堂董事向县公署禀呈在案，每伙月加一元五角。沪北医药会商议，在午节后每人照加二成。

1926年5月26日，经过数轮谈判，多方调停下，药业伙友罢工事件平息，全部伙友回到店铺上工。县署发布公告：

县署修正后之布告

上海县知事危为布告事，案查药业店伙请加薪资一案，业经据该业董代表呈覆并转饬在案。兹据药业友谊会代表柳虞卿及伙友代表陆起等，请求维持生计等情，当经转饬药业董毛经畴、王沛霖等，并邀请县商会会长来署，持平劝□。断令各店按照伙友原薪，除民国九年所加之一元五角，仍旧照加外，现自本年旧历四月半起，所有五元以下薪资者，每月加五成，七元以上者加三成，十元以上者加二成，以示体恤。双方均各遵断在案，合行布告，仰该业人等一体知悉，自此次断定加价之后，所有各店东各伙友，均各遵照，恪守职务，不得再有异议，如敢故违，定予查究不贷。仰各遵照，特此布告。（申报，1926-5-28.）

罢工事件到此本来应该是有一个圆满的结果，但事实并非如此。在伙友上工后的半个月，各店主就私自推翻了协定，并声称要大量裁员，“自风闻各店主将在端节左右大批裁汰后，均惶恐万状，纷纷向药业友谊会要求援助”“二十余日来，各店东经理等态度不一，其遵示照加者虽亦有之，亦有观望而未加者，有虽加而并不如数者，有专加钧长新定之成数，而不恢复九年之一元五角者”“据各伙友纷纷来信，谓各店经理以推翻敝会未达目的，迁怒入会之伙友。将于端午节左右借故开除，并已先在附近各地以极少数之薪资，招致失业伙友，且令各立志愿书，使其日后不得借口”。（申报，1926-6-15.）

1926年端午节（6月15日）店主大批裁汰店伙，“贝勒路济生堂裁二人、高昌庙福太春裁二人、虹口叶天德八人、恺自迩路益春堂四人、白尔路万象春五人、虹口寿全斋七人、福建路叶树德五人、威海卫路徐重道三人、辛家花园徐重道四人、辣斐德路采芝堂二人、三马路仁余堂五人、海宁路三和堂五人、闸北济德堂三人、白克路天芝堂一人、曹家渡陈致和二人、大东门姚泰山六人、唐家渡孙天德二人、福煦路颜同德一人、宝山路蔡存德二人、永兴路蔡存德一人、公馆马路王天福九人、虹口万寿康三人、南市严大生一人、卡德路张保康六人、池浜桥天龄堂四人、西门仁济堂一人、道前街王保仁三人、虹口香山堂二人、宝山路养和堂一人、公馆马路天吉堂一人、小西门大新街慎德堂二人、四马路陈万生一人、朱家木桥天禄堂一人、浙江路钱存济三人、公馆马路广生堂二人、同仁堂一人、新闸路广德堂五人。以上系据药业友谊会之统计”。（申报，1926-6-17.）

除了裁汰伙友，药业友谊会组织亦被上海县知事下令解散，“淞沪警察厅，通令各区署严行禁阻，并函请法公廨，将法租界葛罗路十号屋内之药业友谊会一行解散”。这些都是罢工后，店东和伙友之间的暗战。虽然最后都被调停了，但也可以从整个事态的发展看出，作为社会底层人员的伙友，本就是弱势群体。虽然开始时通过罢工等行动主张自己的权利，但在后期工作期间，仍会被店东以各种理由刁难。这可能也是广大伙友坚持成立药业友谊会的根本原因，毕竟在以店东为代表的资方权势面前，只有通过同心协力的互助才能保障广大伙友的权利。

除了领导药业伙友罢工提高薪水待遇外，药业友谊会还会为会员争取正当权义。比如一位伙友名叫陈阿堂，被一位日本水手殴毙，鉴于当时中国的社会国情，这位伙友得不到任何补偿，但是当时药业友谊会为此事特地招集会议，共同商讨办法，为其家属争取相应的赔偿。

药业友谊会还会救助失业的伙友。“因年节已近，各药店向有更动职员之旧例。该会鉴于失业职员，无亲可投之痛苦，特举行济安募捐，救济年节失业之会员”，并制定了相应的章程（申报，1927-1-20.），保障失业会员的基本生存需要。

第一章　总　纲

（一）济安科专门办理本会会员疾病（花柳病除外）及失业后一切救济与善后事宜、兼济助贫苦会员之丧葬事宜

（二）济安科一切设施及计划由济安委员会规定之

（三）一切济安事宜，由秘书处济安科办理之

第二章　经　费

（四）济安科经费由本会向会员及外界慈善家捐募之

（五）募捐事务由济安科委员及热心会员担任之

（六）募得之济安捐均归本会会计保管

（七）济安科需用经费时由秘书处签字，向会计科支取

第三章　济 安 办 法

（八）会员失业之济安

（甲）会员失业后，须在三日内报告本会

（乙）本会赁定寄宿舍，以便会员之寄宿

（丙）每日由本会供给米饭两餐或膳费大洋二□

（丁）寄宿时期、以本□为限，在半月后未觅得职业者，由本会发给川资还籍

（戊）遣回川资以会员路途之远近酌量给之

（九）会员丧亡之济安

（甲）会员丧亡后，须由其家属或戚友在三日内报告本会

（乙）济助额如左㊀一百元、㊁五十元、㊂三十元

（十）会员疾病之济安

（甲）会员患病后，须即日报告本会，由秘书处给介绍信，至会医处诊察

（乙）诊费号金，由本会负担

（丙）药资由本会发给

（丁）本会会员需就诊西医时，由本会指定西医诊治，一切医药等费，均归本会负担

（十一）募捐条例

（甲）济安捐额由热心会员及外界善士随缘乐助、不拘数额

（乙）捐助满洋五元者，得举为济安委员会委员

附　则

（十二）济安会权利，只限于本会会员享受

（十三）本简则为临时章程，以后经济安委员过半数以上之提议得修改之

（十四）本简则第九条须至开年施行

上海药业友谊会济安委员会启

由此可见，药业友谊会对底层伙友来说是一个保护组织，为大家提供帮助。当然，作为会员，每人每月需交三角钱作为会费，保障友谊会的正常运营。1926年罢工风波渐渐平息，广大伙友也看到了友谊会的重要性，所以1927年年初，友谊会急速发展，在各个区设立分会。最早成立的是虹口分会，“上海药业友谊会，为巩固基础，及便利办事起见，各区着手设立分会，昨日为虹口第一分会成立之日，特召集虹口各店代表大会，到代表三十余人”。(申报，1927-1-16.)此后，分别成立了南市分会、城厢分会、英法闸北分会等。

六、上海药业工会

1927年5月，药业友谊会改组为上海药业工会第一分会(图9)。“今遵照工会统一会指示，改为上海药业工会第一分会，今后当改定名称，望诸君服从三民主义，从民生问题轨道上努力进行。又次吴凯声律师代表童理璋及叶瑞斋、陈文运等相继演说，推举执行委员十三人、候补七人、常务委员五人。执行委员叶瑞斋、柳虞卿、徐林尧、严瑞宝、陈文运、察茂怀、葛克鉴、王乾康、方锡甫、胡乾康、叶祖仁、朱昌鹤、张千里，候补方庆和、杨成年、颜荣彬、□文豪、方义鸿、顾凯、沈家臣，常务委员叶瑞斋、柳虞卿、陈文运、蔡茂怀、王乾康”。(申报，1927-5-20.)

上海药业工会的工作基本延续了药业友谊会的职能，为广大伙友提供援助，如每年端午前，药业资方就有裁员的惯例，这个时候药业工会就会出面调解。如1927年端午，上海裁汰的伙友达到了二百余人，经工会组

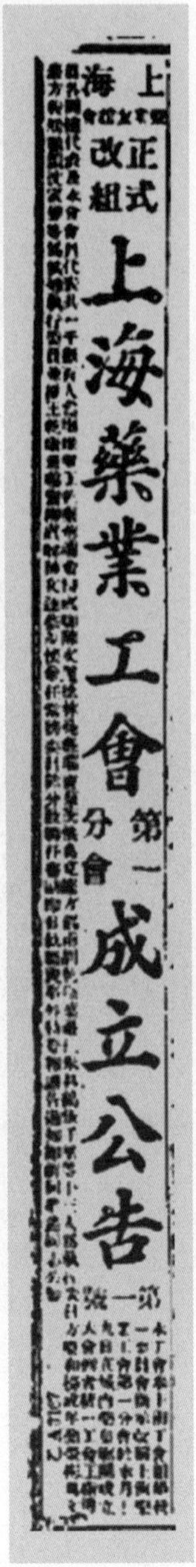
上海 改組 正式

上海藥業工會 第一分會 成立公告

图9　上海药业工会第一分会成立公告
(申报，1927-5-21.)

织统一委员会、商民协会、市党部数次调解，药业工会代表柳虞卿、药业饮片公会代表王星泉、失业工人代表魏文炳等订立条件七项。（申报，1927-7-8.）

㈠ 议决若未入上海市药业工会第一分会者不能录用。

㈡ 现在如已经录用未入工会之人，须即辞退，由此次失业职工中补充。

㈢ 现在至中秋，店方添用职工须先在此次非业职工内录用。

㈣ 端节辞退职工，每人由店方津贴洋十元。

㈤ 除已经有职业及领津贴返籍者外，凡失业职工，每人须加补米饭洋五元。

㈥ 以上条件，由药业饮片公会委员长王星泉负责履行。

㈦ 上列条件，限一星期内结束，由药业工会及药业饮片公会，将情形呈报政治部备案结束后，住药王庙之工人一律迁去，闻店方对于第二条件，尚有未履行者，现拟调查确实情形，再行办理云。

上海市药业职工会成立后，充分发挥了地区行业工会的作用，例如，联合全国各地中药工会成立全国中药职工团体联合会，反对“取缔中医案”。

民国时期国民党中央政府发出取缔中医药决议案，上海市药业职工会就向全国各省中药业职工团体发出邀请，来沪参加全国中医药团体代表大会，反对取缔中医药。到会的药业团体有宁波中药铺职工会、宁波药行职工会、杭州市中药业职工会、苏州药业饮片职工会、常熟药业工会、吴兴药业工会、上海沪南药业职工会、天津药业职工研究会、上海广帮药业工会、武汉药业商民协会、南通药业公所等三余团体，代表七十余人，会议通过了几项决议。（医界春秋，1929：34.）

（一）组织全国中药职工团体联合会。

（二）推定上海药业职工会、沪南药业工会等为筹备委员。

（三）指定上海药业职工会为筹备处。

（四）发表宣言，述明组织全国药业职工团体联全会之缘由。

上海药职工会告全国药业工友书

全国的药业工友们：值此训政开始，正实行总理首创的三民主义中的民生主义的时期了。但欲实行民生主义，尤其是非提倡国货，发扬国粹不为功，不料中央卫生部，突有取缔中医药的提案，噩耗所播，真使我们惶骇万状。窃中医的发明，肇于神农，中医的疗疾，始自岐伯，历数千年来，断症服药，毫无参差。我中国的全民族得赖以生存而人口之众多，亦为全世界之冠，在这一点上看来，足以证明中医药效力的伟大，已有相当的成绩了。现在中央卫生会取缔中医药的这个提案，不啻推广西药，消灭我国民众认为唯一推获生命的中药，且亦消灭我国的国粹，减少我国的生产力，中央卫生会若非丧心病狂，决不出此。今中央卫生会在会议席上，竟将取缔中医药的提案，悍然提出，如果一旦成为事实，则中医药界既告绝迹，而我数百万药业工友之生计，将何以堪。我们药业的工友，为国民一分子，犹藉中药业而图生存的，为保持千年遗传的国粹着想，为民众的生命安危着想，为我们的生计着想，我们应该一致地起来，竭力反抗。敝会谨敢率领全沪数千药业的工友，愿作保持国粹而争生存的先锋，誓死反对中央卫生会取缔中医药的提案，深望我全国的药业工友们，赶快联合起来，一致反对，那才是表示我们保持国粹的精神，也就是尽我们救国救民的责任呀！（广东医药月报，1929：1.）

七、参燕业公会——参业公所

参茸业本来是国药业的一部分。第一家独立经营参茸类药材的是阜昌参行，是胡雪岩创办于1838年。上海参茸业主要的经营地点也是在当时药行集中的南市里咸瓜街。到1923年，上海较大的参燕行号“约计三十二家，其每年营业概况，共计约在一千万左右。南市咸瓜街，则有阜昌、元昌、葆大、阜大、泰和、海昌、立昌、丰大、阜裕、同茂荣、德润、德昌、义昌、宝昌、同昌、久康、养真、永昌祥、恒大、寿昌、怡大丰、阜成、和顺、葆元、阜德、润康、永裕大、乾昌、大成等参燕行。北市英租界则有复昌、德裕、同茂等参燕行”。（申报，1923-6-3.）

参燕业最开始是没有公所的，“人参一业向无公所，如有事故，则在泉漳会馆”（申报，1893-4-2.）开会商议，但随着上海参燕商号越来越多，筹备参业公所就很有必要。于是，在1893年上海的大小参茸号筹集资金，在南市里咸瓜街买了一块地，建造参业公所。1930年12月参业公所改为“参燕同业公会”，在南市咸瓜街会址开成立大会，到会代表四十余人。市党部代表张云卿、社会局代表陈巨来、市商会代表叶家兴均莅大会指导，会议通过了会章，并选出朱秉禄、孔慎甫、姚长卿、凌寿鹏、余仰周、童覇卿、鲍和甫、凌芷葭、王桂卿、李韵芾、汪竹君十一人为执行委员。

1. 参燕行业的主营产品

参燕行业也有大小同行之分，大同行（图10）就是阜昌、德昌、葆大、元昌、裕生德，这五家商号基本垄断了最优质的参茸燕耳，国外进口来的高丽参，也是先由这五家承买下来，再转卖给其他药号。参茸业中最赚钱的就是参类，鹿茸鹿角次之，银耳和燕窝最薄，因为银耳和燕窝在很多南货店中就有出售，竞争较大，获利较薄。

上海市參燕業同業公會

會員聯合通告

參燕銀耳元始薈萃發源地

直接採辦 零躉批發

向來實事求是 不作虛偽號召

今應社會需要 門售同一公平

吉林人參 關東鹿茸 國產野參 四川銀耳

花旗洋參 毛白官燕 北洋魚肚 暹羅毛角等

南市裏咸瓜街

注意 銀耳一種

葆裕 立昌成 義昌 乾昌 阜昌 永昌祥 阜大 同昌

泰昌 德潤 泰和 元昌 德昌 豐大 寶昌 同協祥

葆大 養真 怡大豐 葆豐 久康 大成 永裕泰

图10 上海市参燕业同业公会会员联合通告（申报，1934-12-7.）

参燕业以参为主要业务，次及燕窝、鹿茸、银耳等高级补品。因为这种高级补品价格非常昂贵，都是一些富商显贵能服用的，所以对品质和产地要求极高，且分类繁多。

据《苏行旬报》1937年第4期记载的参茸行业货质及进货情形：

（1）人参

人参一名吉林参，性苦、温、无毒，功能补五脏，安精神，定魂魄，止惊悸，除邪气，为神剂中之上品。但酒色过度，损伤肺肾者，切忌服用，反则伤身。其根如人形，故谓之人参。野生于辽宁吉林间之长白山中，土人在初伏时，结队负粮入山，以树皮茅草结棚，而蔽风雨。举一人为头目，凡有所获，则由头目验看确定，乃支配人数，携械掘取，其掘取时，非常仔细，或恐有伤根须也。掘起后覆以泥土，包回待沽。其中有得佳者一株，其代价即足全队终岁之温饱。然佳者颇不易得，因非经数百载之培养，不得为之上品，故人工种植者，万不能及也。

人参见日易烂，故产于深山密林中，赖湿润以生长，苗初生时四五寸，先抽一杈，四五年后生两杈，十年后生三杈，年深者生四杈，杈各生五叶，三四月开花，细如粟，色分紫白，秋后结子如大豆七八枚，生青熟红。花开仅一枚，不为风吹而摇动，故有异于俗草，采取者易于辨识也。

人参大致分为六种：① 老山：即产于长白山，生长在二百年以上。② 大山：与老山同产地，但仅数十年之久。③ 扒山：苗在未出之际，即被禽兽跻踏，该苗陷入土中，数十年后，复再茁者。④ 移参：该参生长方三四十年，明知年限不足，乃掘起移植于家圃者。⑤ 秧参：即以老山之子，种植于园圃者。⑥ 石柱：产于辽宁之石柱沟，土人制成红色，以充高丽参者。

老山、大山之皮，嫩如绵而坚实，纹细而腻，芦与须之旁，一年一结珠，芦长二三寸，即可知其年限之多少，其他种植者，则无结珠。

土人采得参后，即售于参贩。由参贩转运至营口，而上海参行，亦于此时派办货员坐庄于营口之参栈，估定货价，现银交割。参栈仅得佣金百分之三，所有庄客之膳宿，不另计值焉。

庄客收进之参，其新鲜如萝菔，先用小毛刷洗去泥土，后用水煮之，其初次之水，相传因皮含有毒素，但人参能保持至数百年者，亦赖此也，初次之水废弃后，复加冰糖和水煮之，及相当时期，取出用文火烘之令干，结果即成出售时之形状。余剩之糖，凝结后名曰人参糖。该糖并不出售，由参行馈送买主而已。

上海人参进口，本属国货完税，自“九一八”后，已列入舶来品矣。

（2）高丽参

高丽参亦属人参类，又名别直参，业中人曰官别。产于朝鲜之开城，在数百年前，至釜山以示华商，始知是参。明时贡使入京，许随臣各带红参八十斤。明亡清兴，挟带之数大增，每岁达一万二千斤，于是议定渡鸭绿江至义州府时，每斤须纳税二两。自日本占据后，集中于开城一处，从此为其专卖矣。

植参者于植参时，选种择日下土。越二年，因其土质已薄，乃掘起另易他处重种。地上搭高约四尺之架，遇狂雨烈日时，覆以芦席，凡三易，计六年，已成熟采。乡人掘得参后，送至朝鲜总督所辖之人参专卖局，专卖局将合乎标准之货收买，否则将皮刮去后退回，乡人持归，自行制售，即今市上所售之白参也。

专卖局将鲜参收买后，交制造场先行蒸熟，再行烘燥。因中加附子，故色成红。约鲜参三斤，可制干参一斤。每年出产，约三万斤。专卖局之规定，不论年岁丰歉，必须征税八十万元。故逢歉收时，其价格反增也。

专卖局将参分为十支（即每斤十支，其实有十三支）、十五支（实十八支）、二十支（实廿五支）、三十支（实三十八支）等数档，然后出售，其价大贵小贱，每档相差十元之则。

该参性甘、温，无毒，功治肠胃中冷，吾国当以补剂，故专销于吾国。由三井洋行独家包销，其中销上海者为大宗，每年由三井开盘数次，经阜昌、德昌、葆大、元昌、裕生德五家承销，价格言定，分批出货。其他各家，再向此五家转手，每斤照价加银五两，自废两改元后，亦改为银元。其销路在“九一八”受抵制风潮，几至绝迹，近虽有销，但难复旧观矣。

（3）东洋参

东洋参产于日本福岛与长野等处，性甘、温，无毒，功能补中益气。装以纸袋，每袋一斤，其价较任何之参为廉，故销与乡间独多。由参行向日商洋行定购，近自“九一八”后，销路亦较前差远矣。

（4）西洋参

该参来自旧金山，分为二十支、五十支、一百支、三百支，至八百支数种。其价前以二十支为最贵，近因三百支销路特旺，故价反高。前由同业组织公司包销，嗣以来货太多，经过情形未佳，刻已解散，仍由各行自向洋行定购矣。以其能清火，故富有者用以代茶，其销路颇称不恶。

（5）其他参类

参行以上述之参，销路为最大，除此尚有白参、白草、私别、头道沟、二道沟、参须等名目，但为数不多。即其销路，亦以小参行为尾闾，彼等转售与参贩，以此混充吉林参与高丽参也。

（6）鹿茸　鹿角

鹿茸即鹿角，唯自然解落与人工锯成之别，鹿产于长白山关东海参崴为佳，台湾等次之。性喜群居，以植物为食料，牝无角，牡鹿之角，由年数而增加其枝数，最高达三尺余，外呈白或淡褐色，满布小疣，该角至夏季，时有触木而脱落，如象之解脱象牙然，是为鹿角。性咸、温，无毒，功治恶疮痈肿，逐邪祛恶，五劳七伤。

鹿角自解脱后，在重抽之时，均属血分而未成骨，如草之嫩芽然，初柔软作茄状，外紫褐色，蒙有毛皮，滑泽有光，中有血管，渐长如核桃，其时北人曰血包；其后渐长如长鞍，北人名之扈子。此即是鹿茸，过此渐长即成毛角，血液枯燥，已失鹿茸功效矣。

鹿茸将成毛角时，蓄鹿者即将茸连顶劈下而待沽，鹿愈老而茸愈大，故大茸罕于小茸也。鹿本产关外，经陆续开关后，逐渐减少。近在沪销者，有俄之海参崴之锯茸（该茸在锯时，先用麻醉剂，锯后用伤药包扎，可致不死）及日本之台湾茸，但功效均逊于关外鹿。

鹿茸性甘、温，无毒，功能补元阳，治虚劳，壮筋骨，生精髓。其成分顶层曰血片，色红如血；中层曰蜡片，色褐如黄蜡；底层如蜂窝，已将成角，故曰骨片。销路以广帮占多，凡富有之家，每交冬至，必服茸一对，价在千元左右，惟保其中无镶假情事，否则发见，虽已切开，亦须掉换。故营茸者，获利虽厚，若无准确眼光，其所负之责任，反致得不偿失也。

鹿角、鹿茸之外，尚有麋角、麋茸，其形式相同，惟鹿小而麋大，鹿坚而麋松，功效亦不及于鹿，故价亦较鹿为逊也。

曩昔角茸之进货，均集中于营口，自东北初攘夺后，该路客帮俱将货自运来申，向参行求销矣。

（7）银耳

银耳即白木耳，属死物寄生菌类，与香蕈、蘑菇同，产于川、贵、鄂等省，以太平之产为最佳。初生时形如鸡冠，色白而质厚，富有胶性，其收缩力甚强，胀时与干时较，有廿五与一之比。性甘、平，无毒，功能润肺生津，滋阴养胃，益气和血，补脑强心。故富有者，以常服为补品。

银耳由川汉帮自产地运来，转售与参行，参行将其大小分为数档，如遇色黄者，以硫黄熏之使白，分装出售。惟近年国药铺及南货店，均有兼售，故获利较逊于前。

（8）燕窝

燕窝，暹罗产，色白者曰白燕，毛多者曰毛燕，功能润肺止咳。燕窝乃金丝燕于临卵子育时，衔小鱼舂烂之，和以津液，黏于石上，久而成窝。土人驱燕而取窝，晒干分类而出售。上海方面，由专办洋货海味之进口行运沪，再转销于参行，其情形颇与银耳同。

……

三、售货

参行营业，可分门庄、同业、客帮、吃户四种。① 门庄：即上门之沽客，概用现款，为全部最好之交易。② 同业：名曰拆货，其利最薄，账款例须现付，然普通常至大小月底清账。③ 客帮：即外埠之同业，价比本埠稍高，其账款自货寄出后，先付若干，余俟月底再付若干，至三节（即旧历端午、中秋、年底）由参行派人前往，方可清账。④ 吃户：由参行每年废历新正，分送经摺与大户，以招徕生意，至其货款，须至三节收取，尽至年终清账，其利益以此为最厚，但时有倒账之虑，并非力薄者所克胜任也。

四、该业之经济

阜昌、德昌、葆大、元昌为全业四大家，其大小虽无明白之界限，但因过去之历史，自有显然之壁垒。其营业当以此四家为最佳，而经济力量，亦以彼等为最厚，并有将余款自置房产为副业。故与行庄往来，平时无须垫款。曩在未废两时，对于银钱业之挂红，须照洋厘每元抬高五厘，以为开户之条件。自改元后，洋厘之抬价，虽已取消，然在平常之浮存，须照日拆加一二元，即此一端，已可知其经济力量之大概。除四大家之外，其余用款，以前均在秋后参货出新时期为最多，但现在情形，稍有变迁，往往用款时间，有在四五月者，其原因如此：

（一）自东北来货，改照舶来品完税后，海关对于查验，时有发生沽价之纠纷，出货时间，亦因之而延长。

（二）东北沦亡，参类各品，俱受伪满统制，故非得善价不沽，因致到货参差，未能一列。

本行与该业往来者共九户，计总行一户，南行八户，透支总额，数共五万元，然至五月底止，其中存户达五家，计二三二七元，欠户四家，计九五五一元，惟尚有来票，未曾抵销，故实数甚微也。

五、该业之公会

该业公会，设于南市里咸瓜街太平街口，新任主席为养真经理朱秉禄君，共有会员二十家，兹将会员之牌号及地址、经理之姓名、列表于下（表1）。

表1　参燕同业公会会员名单

牌　号	地　址	经　理
宝昌	里咸瓜街	陈让卿
葆丰	仝上　八九号	蒋兆丰
永裕泰昌记	仝上　十八号	洪文富
德润	仝上	李忠祥
怡大丰	仝上　三十号	陈赓清
同昌	仝上	洪朝宗
葆大昌记	仝上　四七号	凌寿鹏
义昌	仝上　四八号	徐鸿治
丰大	仝上　五七号	王桂卿
元昌	仝上　三号	胡锡祺
永年	仝上　六七号	高义文
养真协记	仝上	朱秉禄
阜昌	仝上　八三号	余仰周
德昌	仝上　八九号	凌芷葭

（续表）

牌　号	地　址	经　理
泰和	仝上　二九五号	周伯卿
葆裕	仝上　一七二号	廉葆康
立昌成	仝上　八一号	严和笙
久康	仝上	王品三
阜大		赵泉松
泰昌	南京路六二零号	方莲卿

2. 参燕业抵制西洋参

西洋参是原产于美国旧金山和加拿大的人参。西洋参味苦、微甘、寒，归心、肺、肾经，补气养阴、清火生津，用于烦渴少气，口干舌燥，喘咳痰血。在清乾隆年间由美国货船贩运到广东，又被称为花旗参、广东人参、美国人参等。

自华人到美国务工以后，一直受白种人的歧视和排斥，且在随后不断强化的排华法案中不断加剧。1894 年美国与清政府签订了《中美会订限制来美华工保护寓美华人条款》，此条款对华人极为苛刻，约定 10 年期满。然而 1904，美国国会通过法案，宣布无限期延长该约。美国对华人的不公和排斥，引发了 1905 年国民全面抵制美货的热潮。1905 年 5 月 10 日，上海总商会提出集体抵制美货。1905 年 8 月，参业董事徐炳辉邀集南北同业，在参业公所开会，抵制美货“办法六条：一、自今日起同业一概不进西洋参；二、同业伙友等一概不买美货；三、各人担任劝令亲戚朋友不买美货；四、前向美国保险公司所保火险到期后不再向保；五、不向美国轮船装货；六、□定后须各坚持到底，勿贻人笑。计同业五十家一律答允。”（申报，1905-8-8.）

3. 参燕业抵制日货

1919 年 4 月巴黎和会上，作为战胜国之一，中国政府要求废除不平等条约，收回青岛和山东的主权，但这个要求遭到美、英、法、意、日等国的拒绝，他们将德国强占山东的权益转与日本。这一举动引爆了国内民众的爱国情绪，爆发了“五四运动”，随后全国抵制日货。参业公所也不例外，在行会内及报纸上刊登声明不再买卖高丽参、东洋参等日货（图 11）。绝大部分参号都遵守了抵制运动，但也有少部分参号受利益驱动，私卖日参。如同昌号，就私卖东洋参和高丽参，被上海学生会的学生发现缴没。

參業公所聲明

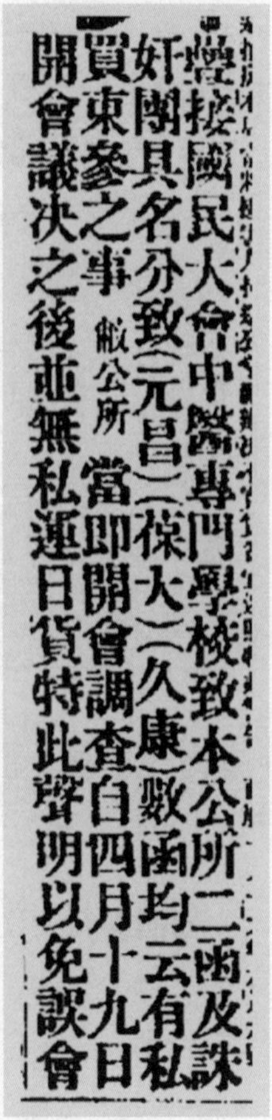

疊接國民大會中醫專門學校致本公所二函及誅奸團具名分致(元昌)(裕大)(久康)數函均云有私買東參之事 敝公所 當即開會調查自四月十九日開會議決之後並無私運日貨特此聲明以免誤會

图 11　参业公所抵制日货声明
（申报，1919-6-11.）

4. 参燕业将设特税局

1928 年，因为北伐的原因，军费需求加大，所以国民政府财政部开始对各种消耗奢侈品设立特税局，参燕业就在特征范围中。因为参燕之品都是补品，都是富人才有实力购买的，很多产品都是从国外进口，因此国家征收较高的税额，以充军需。但是后来财政部派专员到上海调查参燕业经营后，发现近几年参燕业并不景气，营业凋敝，无力负担特税，而予以减免，并没有将参燕业纳入特征范围。

5. 参燕号的广告

泰昌参燕号

泰昌参燕号开于南市里咸瓜街，是参燕业中的大同行，主营各种参燕银耳名贵补品。1934 年 12 月，在北市南京路日昇楼东又开办了北号

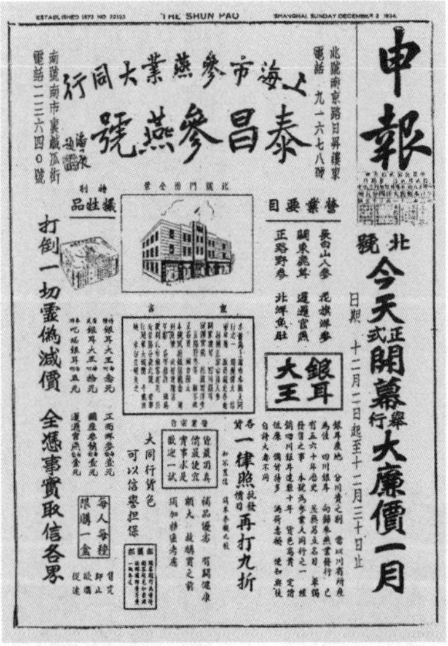

图 12　上海市参燕业大同行泰昌参燕号北号

图 13　泰昌参号冬季特别大减价
（申报，1936-10-26.）

（图 12），原来南市的泰昌号设为南号。（申报，1934-12-2.）图 13 为泰昌参号在《申报》上做的冬季大减价广告。

德润参行（图 14）

图 14　德润参行新址落成开幕
（申报，1938-12-11.）

天来福参号

天来福参号开于1923年11月2日南京路五福弄口，主营参燕银耳、华洋海味、南北果品、罐头礼物等。（申报，1923-11-2.）

美富参号

美富参号位于南京路五福弄口，是北市参燕业之中比较大的一家参号。每逢节日将各货照码九五折发售，所以营业比平时兴旺。所发售的参燕银耳等品剔选地道、定价低廉，很受群众喜欢。另外美富参号还出售罐头、参片、瓶装燕粉，也会打九折。（申报，1926-10-2.）

八、参业同志会

参业同志会是参燕业伙友组织的工会。1927年3月23日，上海参业全体职员在南市参业公所，开职工大会，当时到场三百余人，最后议定组织成立“上海参业同志会”。推定张锡麟、童金声、宋安仁、方筠生、洪朝家、陆蓉龄、郑培林、陈莲芳、周德馨、冯省斋、陆德茂、唐和生十二人为筹备员，□维藩、童金声、周德馨、陆蓉龄、姚阴堂、郑培林、方善生、徐敬斋、汪荣生、洪朝宗、曹龙田、杨雨亭、黄□棉等十余人为起草委员，周德馨、方筠生等二人为临时会计，陈祥云、胡振甫、鲍永良、冯省斋、徐敬斋等为书记。到1927年5月，上海参业同志会改组成“上海市参业职工会第一分会”。

九、鲜药公会

鲜药是一类特殊的中药，是直接采摘下来，摘除掉非药用部位和杂质以后，直接用于治疗的一类药物。由于这类鲜药未作任何加工处理，不易保存，必须在特定时间采摘，所以现在的中药房已经很少见了。但是鲜药确实有独特的疗效，这是其他饮片不能比拟的，如外感风寒、瘟病及伤食、咯血、吐血、急性菌痢腹泻、肺炎、肺痈、慢性气管炎、百日咳、白喉、腮腺炎、乳腺炎、扁桃体炎、伤科等。常用的鲜药如蒲公英、鲜荷叶、鲜芦根、鲜银花、西瓜翠衣、麦冬汁、丝瓜络、鲜竹叶心、鲜车前草、鲜菖蒲、鲜首乌、鲜茅根、鲜青蒿、鲜藿香、生姜、鲜佩兰、藕节、马齿苋、大蓟、小蓟、半枝莲、地黄、石斛、地锦草等，这些中药材以鲜药入药、绞汁内服或外用治疗疾病。

在民国时期，上海的药店中是可以买到上海或周边出产的鲜药的。这些鲜药大部分是由当地的农民采摘好，直接卖给药店。上海的鲜药主要是以鲜茅根、鲜芦根、鲜枇杷叶为主，鲜茅根、鲜芦根最多，最初主要产于龙华附近。但是乡民为了追求利益，采集后就浸于水中，第二天卖给药店，这样做可以增加重量，多卖些银钱。这种做法被药业饮片业的和义堂、信义堂一致抵制，禁止收购芦茅根，造成当时整个上海鲜芦茅根缺货。最后由摊贩公举一人，设立芦茅根办事处，由办事处统一收集，再分送到各个药店，才解决了问题。

鲜药公会是什么时候成立的没有明确的资料，但1929年已有该公会的消息。1929年11月23日鲜药业公会开第八次执行会议，主席王纪林报告最近会务工作状况，继由沈庆林同志提议有一部分会员放账的结账日期，通告各会员，以后必须改用国历，节账、月账均须改用国历计算，遵照商整会通告办理。总务提议收支报告案议决，造具清册。每位会员分发一份，汤纪生提出在向药号结算货款时，有少数药号故意借口克扣货价、无故毁辱等。

1930年国民政府取消商协会，由工商部联同立法院，拟定通过了《工商同业公会法》，其中规定含有流动性的商人不可以组织团体。这条法规限制了一些以摆摊、走街的商贩不能组织公会，比如菜摊业分会、鲜药业公会、江北旅沪鲜猪运商公所、商船公会、书摊业分会、沙船公会、鸡贩业分会、黄岩水果业公所、法租界摊贩联合会、布贩公会等三十余家团体。这三十家团体的商户没有固定的经营场所，被划归到流动性商人，不可以组织同业公会，于是就联合起来向上海市党部、市社会局提出援助。最后经研究，上海工商会同意了这三十余团体的请求，准予成立同业公会。1930 年 8 月，鲜药公所改组为鲜药业同业公会，选举王纪林、王林根、徐国良、汤纪生、沈金祥、汤学毛、沈庆林七人为执行委员。

沪上国药号的创办和变迁

一、姜衍泽堂国药号

姜衍泽堂国药号是上海历史最悠久的国药号，由姜宾远在清康熙三十四年（1695年）年间建成，位于上海小南门大街附近，一直到1949年，传承了数百年之久，是一家典型的前店后场、产销合一的传统国药号。

1. 姜衍泽堂国药号的创立和发展

姜衍泽堂国药号，创始于清康熙三十四年（1695年），距今已近300多年历史。该店创始人是姜宾远，开设于上海小南门大街（今董家渡路）里仓桥勾玉弄内，主要经营自制的各种膏药，例如宝珍膏、狗皮膏、消痞阿魏膏、阳和解凝膏以及千搥膏等近20种膏药。由于其疗效显著，质量优异，姜衍泽堂逐渐闻名于全国，产品远销新加坡、马来西亚、印度尼西亚等国。

姜宾远：据传生于康熙七年（1668年），祖籍山东。因为家里贫穷，父亲姜廷九没有钱买药，很早就去世了。临终的时候告诫儿子，要用功习医，救助贫病的人，对穷人施诊给药。第三子姜宾远，遵从父亲的遗志，到药堂从学徒开始，学习医术。经过数年的学习，姜宾远终于学有所成，以外科见长，在乡邻里走街串巷行医，最后开设了姜衍泽堂药铺，出售自制的各种跌打损伤膏药。

从1889年《申报》的“出示谕禁事”中可以知道，姜衍泽堂传至丹

图 15　老姜衍泽蕊记
（申报，1939-6-2.）

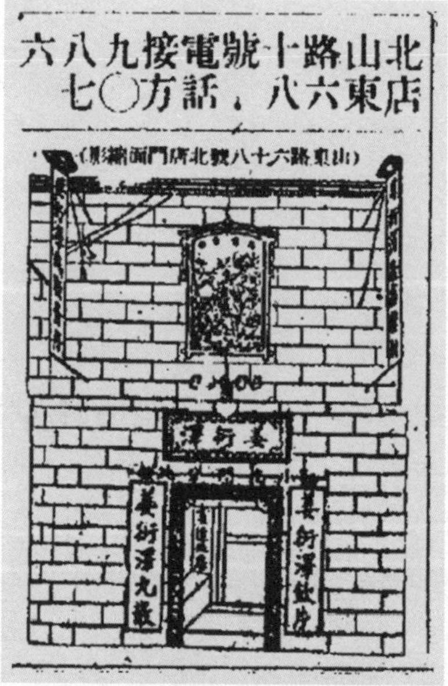

图 16　接方广告
（申报，1940-1-15.）

谷、丹口、丹发，分成三个店，在“姜衍泽堂”后面加某记，即姜衍泽堂谷记、姜衍泽堂口记，姜衍泽堂发记。三家药号各承祖业，自制宝珍膏，但最后只是传下“姜衍泽堂发记”，另外两家店并没有传下来。在后来姜衍泽堂发展过程中，又有一家“姜衍泽堂蕊记”（图 15），称为新姜，“发记”则称为老姜。

在光绪三年（1877 年），姜衍泽堂在英租界打狗桥北首分设新店。1926 年夏天，因为原来的药铺建筑陈旧、狭窄，不能满足日益扩大的客源，就在原址上新建了三层新石库门面。所建新房也是当时上海最流行的风格，水泥洋房，大约费银三万余两。

在 1932 年，姜衍泽号也顺应市场需要，开设了接方煎药部（图 16），为顾客代煎药物，方便病家。在煎煮方面，本着对病人负责的态度，煎煮非常用心，水量、火候、医生嘱托等都精益求精，而且该店经理严君云常常到煎药部查看，务必保证所煎药物质量。这些举措都说明姜衍泽号非常注重品质，尤其事关病人的药物，都是一丝不苟，力求完美，为病家提供优质的服务，可以说是姜衍泽号长盛不衰的秘诀之一吧。

假药诉讼风波

姜衍泽堂的宝珍膏自问世以来，因其疗效显著，用药精良，就被一些狡猾之徒假冒，制成假膏以伪乱真。所伪制的假宝珍膏从招牌、仿单到图记，无一不伪，几可乱真，很多不了解内情的外商远客都买了假药，使病情得不到治疗，贻害无穷。所以姜衍泽号就经常在报纸上发表声明，“宝珍膏方只有发记一家，并无分店”，并向当时的县丞提请“出示谕禁事”，向公众发出示警。到1918年，姜衍泽堂又发现“衍庆堂”“衍泰顺”两家售卖仿冒宝珍膏，于是向警察局报案。警探“至衍庆堂购得膏药三百张，每张价洋一分二厘，又至衍泰顺购得一百张，每张一分□”，买完后将两家店主同买的膏药一并押解到警察厅。经过审讯，最后送交法院审议。原告姜利川称衍庆堂、衍泰顺所制的膏药每张仅售一分二厘，如果是真品，肯定要亏本的，他们卖得如此便宜，足见膏药中并无贵重药品，是假冒的。

虽然衍庆堂、衍泰顺仿冒姜衍泽堂的宝珍膏人赃俱获，但两家的店主均不承认仿冒一事。并且将姜衍泽堂告上法庭，说毁坏名誉。衍庆堂主胡德元供称“在咸瓜街设肆营业已有二十余年，查衍庆堂牌号系向前东汪姓出资盘下，所有一切仿单图章亦由汪姓盘交下来”，即胡氏是从汪姓处盘下衍庆堂号，仿单、图章均是从前东家汪姓交接下来的，而姜衍泽堂并没有在前东家经营时就问责，而在其盘下店铺后，忽然说其仿冒，妨碍了自己的正常经营。姜衍泽堂主姜利川供称，“本地人衍泽堂药店为祖遗之产，秘制各种膏药数百年，营销各省。光绪十六年，曾禀准前上海县知县出示公布”，最近又发现有人伪造膏药“一再根究，始知咸瓜街胡德元等所开之衍庆堂伪造”，最后，衍庆堂主、衍泰顺主方氏胡氏承诺将伪膏印版、仿单呈缴销毁，并登报不再冒用。

虽然胡氏等承认了其仿冒宝珍膏的事情，但是假冒之品并没有杜绝，后面还有一些不法商贩继续假冒姜衍泽堂的膏药，只因姜衍泽堂的膏药非常有名有效，有利可图，而姜衍泽堂号也常在报纸、杂志上发声明，以示喻警。

2. 姜衍泽堂的镇店之宝“宝珍膏”

姜衍泽堂的宝珍膏是其祖姜宾远，“得异人授予以宝珍膏方”的秘制狗皮灵膏，专治风寒湿气、跌扑损伤、癖块痞疾、筋骨酸痛，效验如神。

对于宝珍膏的来历有着不同的传闻，其中有一个神话传说传得最广：一天清晨，姜宾远打开药铺大门，见到一位衣衫褴褛、腿脚溃疡的老叫花子睡在门前。这个老叫花子患有老烂脚，臭气弥漫，龌龊不堪，路人见此纷纷掩鼻而避。唯有擅长治疗外科疾病的姜宾远见其可怜，便扶着老乞丐进了店堂，悉心为其治疗，并施以衣食。数日后，老叫花子溃疡收口，腿伤痊愈，精神好转，脸色红润，便留下了一张膏药秘方和手中的拐杖不辞而别。

这张膏方是用麝香、木香、丁香、肉桂、乳香、没药、血竭等30余味名贵动植物药配方而成。姜宾远深通医理，了解药性，知道这是专治跌打损伤的药，便严格配料，如法修合，在三伏天磨药料，磨后用牛皮纸数层密封装入缸内，待开封启用时仍异香扑鼻。熬膏药只限于春秋两季，配以清麻油、黄丹于铜锅内用文火煎，煎熬时掌握老嫩度，不停搅至黑色，放入地窖降低热毒，供隔年使用。其优点是皮肤附着力强，药力释放缓慢。

姜宾远还用老叫花子留下的那根拐杖作搅棒，煎熬膏药，异香扑鼻，药效更显著，取名姜氏保真膏，后改名宝珍膏。宝珍膏专治跌打损伤（扭伤、摔伤、撞击伤），包装背面有“铁拐李”商标为记。因为老乞丐来时腿脚溃烂，行动时拄着拐杖，与我国古时八仙之一的“铁拐李”非常相似，便神话其是“铁拐李”下凡。为了纪念老乞丐，姜衍泽堂就用“铁拐李”的形象注册了商标，以代表姜衍泽堂。

据说，清朝武将年羹尧，在西征平乱途中，不慎跌落马下，腿骨扭伤，不能站立。当时的上海知县得知后，立即带着姜衍泽堂的治伤膏药赶赴京城献上。经过贴敷腿伤很快痊愈，年将军十分高兴，特赏纹银300两。从此，宝珍膏名声大振，全国各地患者慕名购买。姜衍泽堂亦热闹非凡，生意兴隆，并在钩玉弄83号专门设立炼熬膏药肉工场。

据史料记载，姜氏宝珍膏不仅享誉江南，远在东北州郡的人也闻其名，每岁销售达10万张以上。因此，东北商人来沪采办货物，多视姜氏宝珍膏为奇珍，宁可少进其他货物，此膏药必须量足满载。在交通状况很不发达的年代，东北商人陆路多取道苏州北上，由于姜氏宝珍膏远销甚多，因而浒墅关关吏特地规定税额，可见其膏药盛况之一斑。

嗣后，姜氏还自制了狗皮膏、阿魏膏、阳和解凝膏、千槌膏等20余种膏药，膏药背面并以“铁拐李”商标为标记；布旗高悬店门，迎风飘扬，其膏药远销新加坡、马来西亚、印度尼西亚等国。

1937年抗战全面爆发后，商店被毁，迁入浙江中路195号的姜衍泽堂药铺改为药店，经营范围也不断扩大。由于宝珍膏的剂型老式，敷贴不便，会在衣物上留下污迹，中华人民共和国成立后，宝珍膏又进行了剂型改革，正式命名为伤湿宝珍膏，移交上海中药制药三厂生产，还荣获过上海市优质产品奖和国家质量银质奖。

姜衍泽堂除了自制各种膏药外，还生产膏药的半成品“膏药肉”，因质量优良，也是供不应求。这种“膏药肉”做成每坨一斤，外观乌黑如同大烟土，裹以粽叶以防粘手，论斤批发销售。售卖给各家药店后，各家药店再根据自已的配方进行加工，制成不同规格的小膏药零售，效果非常好。例如南京中医药大学孙世发等主编的《中华医方外科篇》中收录的“阳和膏”就是用姜衍泽堂的膏药肉加工而成的。

阳 和 膏

来源：《经验各种秘方辑要》

组成：官桂一两　甘松一两　山柰一两　丁香五钱　乳香五钱　没药五钱　上玉桂五钱　牛蒡子五钱

用法：上药内乳香须熬烊去油，余皆晒干生研，各为极细末，用沪上姜衍泽堂太乙膏药肉烘烊，将药末拌匀摊膏，其摊膏纸用棉料油纸并白纸裱褙双层，大者用红布摊之。凡疮初起未成时贴之皆可消散，但须连四围根脚贴进，不可但贴疮上，反致不效；即已溃之疽贴此膏亦可收束，不致蔓延，方内玉桂、官桂并用者，因玉桂介昂，故兼用之，非重味也。

主治：痈疽、发背、流痰，一切无名肿毒及风热肿胀。

除了膏药外，姜衍泽号代售一些医生研制的特效药，如冻疮溃烂灵药。“南市老姜衍泽发记药号，发行各种膏药，名驰全球，现因战事关系，暂设临时营业处于南褚家桥敏体尼荫路敏村十五号。近因天气寒冷，特制冻疮药膏，专治冻疮溃烂，功能止痛生肌”。这种冻疮溃烂膏是专门为冬天冻疮研制的，是外科名医顾筱岩高足姜恒孚悉心研究、虔心修合，在研制成功后，先施送万余匣给冻疮病人应用，临床效果显著，疮口迅速收口。到冬天，姜衍泽号就会打出广告，售卖姜恒孚医生研制的冻疮膏。

3. 姜衍泽堂的药目

《姜衍泽堂发记丸散膏丹录》

不分卷。清代姜衍泽堂编。约成书于清光绪二十年，为姜衍泽堂所生产药物的堂簿。书中列本店秘传膏药、补益虚损类、各种花露香油、诸胶膏等十二门，列方三百三十四首，所治疾病涉及内、外、妇、儿多科。方下详论功效主治，无药物组成、煎服法等内容。其中“本店秘传膏药”录有该店历二百年秘传之膏药，后附价格。现存光绪上海刻本、清刻本。

《姜衍泽堂药目》

方书类。不著撰者。约成书于1938年，为一部中成药目录。记载幼科百病类、眼科诸疾类等十三门。首列膏药方六首，为本店特制。其下有价格、主治，较有特色。每方仅有方名、主治，无药物组成、制法等内容。共录方二百八十九首，所治疾病较为广泛。

4. 姜衍泽堂的趣事佚闻

“姜衍泽的仙付麝香”

姜衍泽药号的麝香膏是很出名的，有人说是仙人送来的。原来那姜衍泽药号内的药，本来很道地，救活了不少的人。有一天，一个乞丐婆子抱了一个小孩，到店内买膏药，将小孩子放在柜台上，可是那小孩子不识相，竟撒起屎来了。将那柜台上都弄龌龊，那店伙看见了这些事，就唤那乞丐婆将那屎揩去。那乞丐婆随即将那屎慢慢地揩去，正在揩当儿，那屎上登时有一阵一阵的香气出来，那店伙闻出这屎就是麝香，就想拉住这丐妇，可是那丐妇已不知去向了。那时的麝香只有嵌在柜缝里的一些儿，他们就拿他做膏药，非常的灵验，所以姜衍泽的膏药和麝香顶出名，因为仙人曾经送过来给他的呀。（新上海，1927：2.）

“托梦抓贼”

《申报》上刊载了一则有关姜衍泽号的趣闻。传闻姜衍泽堂发生了盗窃案，但是没有破案，姜衍泽堂的经理就到城隍庙问祷，最终破获了案情。此时在上海发生了一件命案，据说有一位姓姚的安徽人，在静安寺附近被人杀了，但一直没有破案。警察询问当地地保和住户，没有得到任何线索，而上面命令必须三日内结案。警察就向下施压，命令地保三日内查明。这些地保和住户没有办法，听说了姜衍泽号是通过向城隍庙祈祷，破获了盗窃案。于是，地保和住户就到城隍神前焚香祷告，希望神灵能指点迷津，给点提示，找到真凶，也真是可笑至极。

“恶僧买巴豆”

有一位面貌凶恶的游方僧来南市姜衍泽老药号买巴豆，但是店伙害怕他是用来毒人的，坚决不肯卖给僧人。僧人便欲使用武力，打砸药店，逼使店伙卖给他，旁边旁观的人见此情状便上前劝阻，让他到别的地方买。恶僧没有办法，又到姜衍泽堂新店强买，店家仍然拒售，恶僧恼怒至极，上前用凳子猛地砸向柜台，发疯胡闹。姜衍泽堂店伙没有办法，只能打电话报警，当警察来了以后，恶僧已经跑了。

巴豆是一味中药，性热味辛，具有破积、逐水、涌吐痰涎的功效，常用来治疗寒结便秘、腹水肿胀、寒邪食积引起的胸腹胀满急痛、泄泻痢疾、水肿腹大、痰饮喘满、喉风喉痹、痈疽、恶疮疥癣等疾病。但是这味药有毒，临床用时都很谨慎，所以店伙看僧人面恶，不愿意卖给他也是可以理解的。

“介绍良医”

姜衍泽号不光是一间老药号，里面还有坐堂医生，经常会请当世名医到店里坐诊，为病家看病。如当时的何氏名医何稺白，姜衍泽号就在报纸上特别打了广告，发布医生的坐诊时间，令看病的患者及时知道医生坐诊的信息。何氏医学自南宋以来便在江南地区传承，在上海有奉贤庄行和青浦重固两支，何稺白是何鸿舫的孙子、何虚白的儿子。他曾在姜衍泽堂和成大坐诊，因母亲去世，守孝而不能去坐诊，最后应病人和朋友的极力邀请，每个月有四天时间坐诊。“每逢阴历七、八两日仍在衍泽东店应诊，六、九两日则在成大，沪上病家幸弗交臂失之”。

“创办昆曲社”

“姜局”是清末上海有名的昆曲社。建于道光十五年（1835年），发起人正是姜衍泽堂的老板姜三爷（具体不详），徐凌云的《曲集源流表》称其“乃系沪上本帮局首”。该昆曲社的社员多为上海名流，如张子祥、顾霭堂、童笏卿等。名噪文坛的何桂笙（笔名高昌寒食生）也是该社成员，何氏曾撰《乘龙佳婿》，此剧对传统昆剧进行改革，企图挽救昆剧颓败命运。社址就设在姜衍泽堂药店对面姜氏宅第内，每当春秋佳日，宅内便有一片笛声曲韵飞墙而出，至民国初年解散。

二、童涵春堂

童涵春堂是清乾隆四十八年（1783年）创建于上海小东门鲶城地段，今方浜中路宝带弄口的国药号。童涵春堂前身名“竺涵春堂”，因原主经营不善，被当时的药材商童善长收购，更名为“童涵春堂”。自此由童氏家族经营，直至在童祥权的手里发扬光大，达到顶峰，成为当时上海最有名的四大国药号之一。童涵春堂素以选料道地、遵法炮制、修合务精、品质精良闻名遐迩，最有名的人参再造丸和饮片“童薄片”更是行销全国及香港、东南亚地区。童涵春堂历经三百多年的沧海桑田，现在依然熠熠生辉，彰显着金字招牌的魅力。

1. 童涵春堂的创始人和开拓者

童善长，又名敏在，字在元，出生于清乾隆十年（1745年），原籍奉化建岙。童善长始祖童朝阳是北宋官员，议论曾得皇帝赏识，告老还乡时，从奉化建岙迁居宁波市郊庄桥。经过数百年的繁衍生息，形成前童、后童、祠堂童、庙后童、方家堰、三黄童等众多自然村的煌煌大族。童家历代出过不少登科人士，如南宁童居易，嘉定十六年（1223年）进士，官至广东德庆府知府；又如元代童金，清代童文灯、童鸿逵、童赓年，都曾中举做官。但这个家族并不认为“万般皆下品，唯有读书高”，而是特别重视诚心正意、经世致用。试看童氏宗祠大厅楹联：

科第尚哉，必于忠孝贞廉自尽数端，方许无惭宗祖。
读书贵矣，但使农工商贾各执一业，便非不肖子孙。

《慈东鸿门童氏宗谱》中有这样一条家训：

人之有子，须使有业。贫贱而有业，则不至于饥寒；富贵而有业，则不至于为非。凡富贵子弟，多耽酒色、好博弈、美衣服、饰舆马，与群小为伍以至破家者，非其人皆不肖也，良由无业以系其身心，浮浪度日，小人固得夤缘而入，赞其为非。在彼则有哺啜货贿之利，而此则倾圮累世之业也（图17）。

这条童氏家训是对宗祠大厅楹联的最好解释。因此，童氏子弟中没有“孔乙已”，都能不拘一格地各执一业，勤勤恳恳，经世致用。童氏家族的经商传统，至少始于明末天启年间。当时，童景晨即以“居积致富”；稍后的童鼎昌“广用计然策，使家业复兴”。童朝阳的21代孙童聪遗经过数代积累，已是世商，主营典当、金珠、参药、米谷、木植、靛

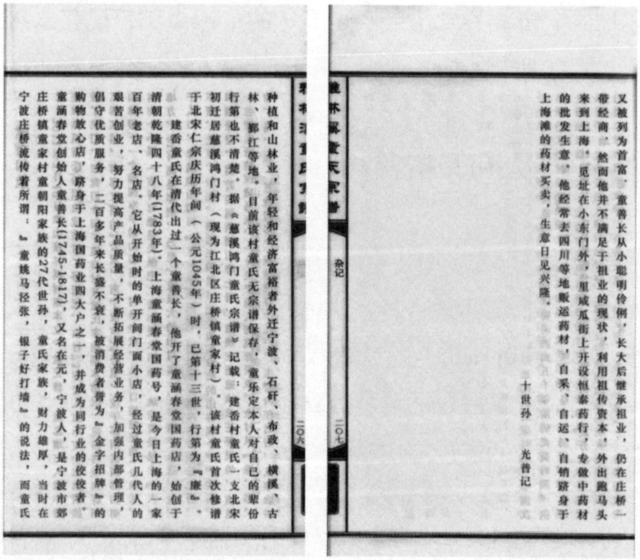

种植和山林业，年轻和经济富裕者外迁宁波、石矸、布政、横溪、古林、鄞江等地。目前该村童氏无宗谱保存，童乐定本人对自己的辈份行第也不清楚。据《慈溪鸿门童氏宗谱》记载：建岙村童氏一支北宋初迁居慈溪鸿门村（现为江北区庄桥镇童家村）。该村童氏首次修谱于北宋仁宗庆历年间（公元1045年）时，已第十三世，行第为『康』。

建岙童氏在清代出过一个童善长，他开了童涵春堂国药店，始创于清朝乾隆四十八年(1783年)。上海童涵春堂国药号，是今日上海的一家百年老店、名店。它从开始时的单开间门面小店，经过童氏几代人的艰苦创业，努力提高产品质量，不断拓展经营业务，加强内部管理，倡守优质服务，二百多年来长盛不衰，被消费者誉为『金字招牌』的购物放心店，跻身于上海国药业四大户之一，并成为同行业的佼佼者。童涵春堂创始人童善长(1745-1817)，又名在元，宁波人，是宁波市郊庄桥镇童家村童朝阳家族的27代世孙，童氏家族，财力雄厚，当时在宁波庄桥流传着所谓：『童姚马泾张，银子好打墙』的说法，而童氏

二〇六

杂记

二〇七

又被列为首富。童善长从小聪明伶俐，长大后继承祖业，仍在庄桥一带经商。然而他并不满足于祖业的现状，利用祖传资本，外出跑马头来到上海，觅址在小东门外，里咸瓜街上开设恒泰药行，专做中药材的批发生意。他经常去四川等地贩运药材，自采、自运、自销跻身于上海滩的药材买卖，生意日见兴隆。

十世孙　光普记

图 17　童善长族谱

青、桐油、柏油及估衣、作酒等，由于经营得法，获利甚丰。从此，童氏家道日兴，他和儿孙先后在庄桥镇的三斢购地造屋，有了“三斢童”的名号。

经过数代积累，童氏成为庄桥一带的首富，曾有一首童谣“童姚马径张，银子好打墙”，就是形容当时童氏在当地的财富。童善长是童朝阳家族的第 27 代世孙，从小聪明伶俐，耳濡目染之下，跟随长辈学习经商之道，长大后继承祖业，仍在家乡一带经商。然而，童善长不满足祖业的现状，利用祖传资本离开宁波，闯荡申城，在上海小东门外里咸瓜街觅址开设了恒泰药行，亲自去四川等地采购药材，专做中药材的批发生意。自此，童善长跻身上海滩的药材买卖，生意日见兴隆。

乾隆四十八年（1783 年），童善长看中上海小东门瓮城的“竺涵春堂”药号，就将药号连同店招全部买了下来，更名为“童涵春堂”。自此，他批发、零售两种生意兼做，真是如虎添翼。童涵春堂可以以更低的价格拿到优质药材，用于门市配方零售。同时，童善长还组织当时的名医或老药工，搜罗验方古方，悉心研制丸散膏丹，开发童涵春堂的特色产品。童涵春堂在童善长的经营下，渐渐在上海打出名号。晚年时，他将店铺交给两个儿子打理，自己回到家乡，颐养天年。至清嘉

庆二十二年（1817年），因病逝世，终年72岁。图18为童善长之玄孙童文熙。

图18　童善长之玄孙童文熙

2. 童涵春堂的发展历程

童涵春堂前身是竺涵春堂，坐落在小东门瓮城地段，规模不大，仅一开间门面（图19），但地处方浜闹市，邻近上海老城隍庙，生意尚可。后来由于业主竺某经营不善，拖欠货款无力偿还，被迫欲将药店出盘。此时童善长在宝带门外、里咸瓜街开设的恒泰药材行日益兴旺，正打算在药材行基础上开设药店，扩大经营，且恒泰与竺涵春素有业务往来，竺某还欠童善长一笔货款。在获此消息后，童善长捷足先登，以债主身份出资盘下了竺涵春中药店。他对原招牌中的“涵春”两字颇为赞赏，认为其具有“涵和理中，春生万物”之意，故不舍抛弃，便将竺涵春改为童涵春。

乾隆四十八年（1783年），童涵春堂国药号顺利开业，童善长自任首任经理，时年38岁。当时，童善长已在沪经营药材生意多年，对中药行业经营积累了丰富经验。童涵春堂开业后，他便招罗人才，设立饮片加工工场。从此，兼做中药材和中药饮片的批发零售，为童涵春堂的创业和发展打下了良好的基础（图20）。

图19　早期童涵春堂门景

童善长去世后，根据其生前安排，由长子童蕙楼掌管总权。但是，童蕙楼见三弟童寄霞更善于经营管理，就将上海童涵春堂产业交给童寄霞经营，自己返回

图20 流传至今的童涵春堂账册

家乡宁波，一边经营家乡田产，另一边发挥自己精于药理的特长，在家钻研药典，收集民间丹方。之后，童蕙楼研制出“太乙保珍膏”，专治跌打损伤，由童涵春堂国药号生产后盖上“上洋童蕙楼监制”印章，畅销江南一带。由于价格低廉，深受浦江两岸人民喜爱，也为童涵春堂盈利不少。

数十年后，童涵春堂由童寄霞之子童小霞接手，任第三任经理。此时的童涵春堂已发展到一定规模，根深叶茂，运营稳定，财力雄厚。童小霞事母至孝，曾遵母亲遗嘱，共向童氏宗祠捐助一百余亩良田，在村里设立霞蔚书塾，供族中子弟求学上进。童涵春堂在童小霞手中稳步发展，他用数代积累的资金，购置了一批土地、房产，为童涵春堂的持续发展夯实了基础。童小霞38岁英年早逝，童涵春堂移交到了其子童祥权手中。

童祥权（1842—1904年），号绳霞，系童小霞之子，童善长的曾孙。童祥权7岁那年进私塾念书，16岁进本店学习，协助其父童小霞处理店务。出任童涵春堂第四任经理，时年21岁。

童祥权非常注重成药、饮片的质量，不断完善人参再造丸等丸散膏丹的品质和配方、制剂，全力发展童涵春堂的经营规模。在经营药业的同时，又在日晖港处开设木行，耗资3万两白银，购置四条平底沙船，分别以“元、亨、利、贞”四字命名，利用黄浦江黄金水道，往来于南、北洋之间，在采运药材、木材的同时，又将童涵春堂“人参再造丸”等中成药、“童薄片”精制中药饮片运到我国汕头、香港地区及东南亚各国。童祥权很会做生意，懂得品牌的作用，故在出口商品的包装上，加上一个“童”字，尤其是精制饮片如“童半夏”“童胆星”“童厚朴”等，以示区别于其他同业的产品，由此也逐渐形成了童涵春堂的商标。

童祥权很有品牌意识，认为名店需由名人题写店招。相传，他于光绪初年托人，以数百两纹银为润笔，特请书法名家书写“童涵春堂”四字，制成黑底金字堂匾，高悬店堂。为防冒牌，童祥权又出资请人设计了童涵春商标，一直沿用至今。

童祥权执掌童涵春堂近40年，他不愿子承父业，便要其子读书走仕途，因此就推荐其内侄邵明辉为第五任经理。邵明辉自小在童涵春堂拜童祥权为师，极善经营，在任职期间坚持道地药材、修合务精的经营理念，尤其是将人参再造丸的销售量推向顶峰，曾达到日销一万多银元的奇迹，使人参再造丸成为风靡全国的名牌药品，再历23年的发展，保持了童涵春堂的长盛不衰。一直到1918年，店面已由原来一开间扩大到三开间五进深的前店后工场的大店，人员也从几个人发展到100余人。

时至1919年，又继续由童氏长房的后代童广甫出任经理。童广甫只熟悉药材，但缺乏经验，使童涵春堂经营如逆水行舟，不进则退。并且还自认为家大业大，便进行买空卖空的金融投机，将几十万银子以“存款”名义借给一家银行使用，不料血本无归。童广甫及其弟兄又从店中抽调了一百四十多万两银子，致使童涵春堂债台高筑，先后拖欠外债1 743 000两银子而回天乏力。至1932年童家被迫出盘，从而结束了由童家独家经营童涵春堂国药号的辉煌史。

1932年童家出盘以后，童涵春堂以债转股的形式进行重组，自此改为由四明银行老板孙文甫、阜昌参行老板徐秉辉等28位股东的股份制药号，成立了股东会，店招不变，加“兴记”两字，以示区别。并由股东会决议，公推由本店学徒出身的宋辅臣出任第七任经理。1934年，邀请时年60岁富有经营管理才能的孙以康（图21）从镇江来童涵春堂任协理。孙以康任职后自订“三不”规

图21　孙以康

矩：一不买店中股权，二不安插亲信进店，三不参加商家任何宴请。上任后不负众望，一心务实。特别是1937年抗日战争爆发时，日军对南市轰炸，童涵春堂被迫停业。孙以康果断决定，在法租界租房，辟作仓库，把童涵春堂的成药、生材悉数迁往仓库。当年年底，孙以康预感抗战难以短期结束，建议将爱多亚路（今延安东路）仓库改作新店营业。因此，抗战初期童涵春堂只停业数月，实力未受影响，直至1945年抗战胜利，南市小东门一带商贸又逐渐兴旺起来。经过一年多的准备，童涵春堂旧址装饰一新，在1947年2月复业，从此小东门童涵春堂改称为“南号”，大世界童涵春堂改称为“北号”。当时童涵春堂已是拥有160多位员工的大型药店，股东会决定由年已76岁的孙以康担任第八任经理。店内分工明确，比如有细货房、蜡壳房、肉子房、料房、刀房、丸散部、饮片部、参茸部等共25个部门，成为沪上最具名气的大药店，在消费者中享有很高的声誉。

1959年12月，小东门童涵春堂划归南市区政府领导，大世界童涵春堂归黄浦区政府领导，不再有总分店关系，形成了南北店各自独立的新格局。童涵春堂经过几次整顿改革，药品质量、服务质量有了很大的提高，公私合营后将原来商店20多个部门归并为4个部门（管理、储藏、营业、煎送药），改变了过去分工过细不利开展工作的弊端。为了便于国内外宾客购买本店特色商品不致有误，商店在原有“涵”字标记商标的基础上，重新设计了印有“涵春”两字的注册商标。“童涵春堂”北号，几经翻修，气势宏伟，扩大到十四开间门面，居全市国药号之首。在继续保持传统特色经营的基础上，对经营药品的品种、质量和服务又有新的发展和提高。尤其是职工们以“病家痛苦比自身，对顾客视如亲人，顾客进门笑脸迎，病人未药愈三分”的要求，积极做好药品供应工作。他们实行“六小”便民服务项目：备齐小药品；做好小生意；当好小参谋（问病卖药，买药问病）；开好小窗口（在夜间通宵服务）；接好小客料（代客加工药品）；寄好小邮包（兼营外地邮寄业务），得到病家和广大顾客的一致好评。在煎药质量上，坚持做到药汁逼干，消灭白芯；同时，为了保证病人喝到热药，还定期对药瓶进行保温测试。另外，在南号设立了咨询服务台，免费为顾客开膏方、补方；在北号，与上海中医学会、上海中医学院合作，设置中医专科门诊，邀请中医专家，教授应诊。为适应旅游事业的发展需要，北号还设立外宾接待室，并在华侨商店设有供应点。

1956年，全行业公私合营，中药行业组建了专业公司。1958年，童涵春堂中成药部门与蔡同德、雷允上、胡庆余四大药店的后工场合并组建而成上海中联药厂。童涵春堂饮片工场也于1960年组建成中药饮片厂。

3. 童涵春堂的特色产品

童善长在接盘竺涵春之前就开设了恒泰药行，从事药材的批发业务。在盘下童涵春堂后，非常注重药材的质量和加工工艺，聘请当时的名医和老药工精研古方、秘方，博采众长，悉心研制丸散膏丹，开创童涵春堂品牌产品。

店堂内挂着“修合无人见，存心有天知”“货真价实”“童叟无欺”等金字招牌，招徕顾客。在经营上，提出了“选料道地、制作精细、讲究质量、和气待客”四句话作为办店准则，并告诫子孙，世代相传，始终不渝。在选料方面，党参非采用西潞不可，白芍采用东白芍，杜仲采用神字仲，银花采用蜜银花，珍珠采用老港魁濂珠，冰片采用三甲梅片等。不少原药材品种如淮山药、北沙参、广郁金、川贝母、甘草、黄芩等，进货时都由专人负责亲自拣选，力求道地，并道道把关，相互制约。如购进原药材不合标准，原货房可以拒收；刀房切片不符合规格，格斗房或饮片柜可以要求返工；料房对丸、散、膏、丹配料不合要求，打杂房可以拒绝配合等。此外如成药凡使用麝香、蟾酥、熊胆、冰片、牛黄、丁香、肉桂等名贵香料细药，都要求做到快产快销，以保证药品的香味和质量。驴皮胶胶块乌黑、透明洁净，胶液稠和、清香纯正而受人喜爱。人参再造丸，相传处方源自宋代《惠民和剂局方》，借用唐代名将郭子仪平定安史之乱，具有再造唐室之功的典故，寓寄人参再造丸有祛风活血、强身健体的功效，具有人身再造之功力，故起名“人参再造丸”。童涵春堂的人参再造丸具有香、糯、甜特点，香味和醇，入口即化。该药上市后即受到市郊农民、沿海渔民及市内各阶层的欢迎，成为童涵春堂一大特色产品，每年秋、冬季销售最旺，历百年长盛不衰。

后来，童涵春堂传到儿子童蕙楼、童寄霞手里时，对中药材质量、中成药的研发更是精益求精。童蕙楼研制的一些膏药称为“童蕙楼膏药”，习称“红布膏药”，一直流传到20世纪50年代，在“红布膏药”背面盖有“上洋童蕙楼监制”的牛角图章。还有“水眼药”（图22），这是专治浦东农民常发疾病“火赤眼”的小商品，童涵春堂水眼药为特色商品之一，眼药不仅用于治疗眼病，还用于治疗烂脚，效果良好，上市后久盛不衰，甚至出口到东南亚。

图22　水眼药
直径1.0厘米，厚0.25厘米（童涵春堂中药博物馆藏）

其精制饮片自成特色，广受青睐，有“半夏似蝉翼、附子飞上天、槟榔108片”之称。饮片外包装均印上“童”字标记，人称“童薄片”。童涵春堂生产的“五薄片”（法半夏、淡附片、广郁金、延胡索和花槟榔），其中如一粒蚕豆大的法半夏，能切成一百五十多片薄如蝉翼、色白如玉、透明光亮的薄片，其片子放在有文字的纸上，纸上的文字透过薄片清晰可见，其切片技艺之高超可想而知。此品在国际市场上大受欢迎，每年出口，供不应求。精制饮片“三制二淡”（制首乌、制胆星、制大黄和淡苁蓉、淡豆豉），其制作技艺之高超，堪称一绝。

童涵春堂的冬令补膏（图23）如健肝滋补膏、参贝北瓜膏、参蛤定喘膏等，都是特别邀请沪上名老中医拟订创制，深受顾客欢迎。还有老年人服用的“参茸回春膏”，妇

图23　童涵春堂熬制膏滋药的紫铜锅
高29厘米，口径82.2厘米，口沿宽4.8厘米（童涵春堂中药博物馆藏）锅沿铸字“童涵春堂丙午年置”

女服用的“凤凰大补膏”，以及传统药酒，如“祛风活络酒”“百益青春酒”“周公百岁酒”等。该店销售之丸、散、膏、丹，仅剂型就有10余个，品种共达400余种。无怪当时不少名医如外科顾筱岩、伤科石筱山、妇科陈筱宝，都叮嘱病家配药到童涵春堂去。

图24　人民路童涵春堂国药号外景

4. 童涵春堂历史文物和广告启示赏析

1949年中华人民共和国成立，人民政府为扩大童涵春堂经营规模，将原药号旁边的西式建筑大楼调拨给童涵春堂国药号（图24）。

童涵春旧物，蕴含着“三童归一”大团圆（图25）。

童涵春堂饮片格半橱各抽屉外面标有饮片名称，抽屉拉手垫圈均用清代钱币替用（图26）。

童涵春堂存放药材的锡质盛器具有防潮作用（图27）。

图25　童涵春堂“三童归一”药盒

图26　饮片格半橱
高190厘米，宽104.5厘米，深49.5厘米
（童涵春堂中药博物馆藏）

图 27　锡质盛器
（童涵春堂中药博物馆藏）

图 28　青花药坛
（童涵春堂中药博物馆藏）

图 29 《疡医大全》
高 20 厘米，宽 13 厘米（童涵春堂中药博物馆藏）

童涵春堂存放药丸的青花药坛（图 28）。

童涵春堂中医外科藏书《疡医大全》（图 29）。

童涵春堂“沉香神曲”“黑锡丹”印版（图 30）。

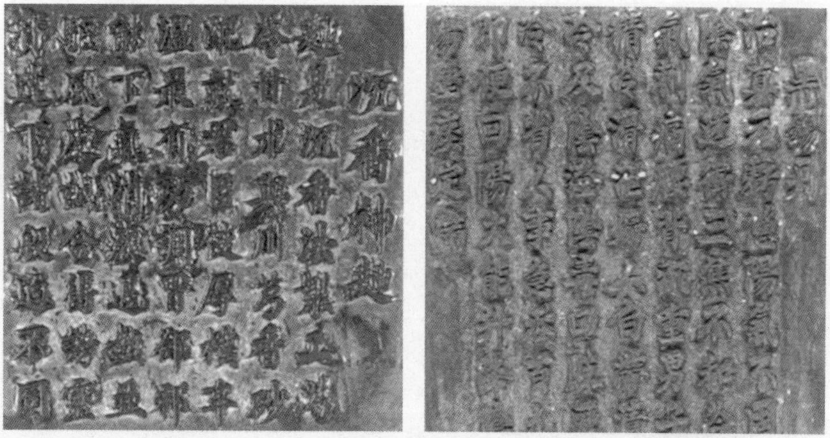

图30　印　版
（童涵春堂中药博物馆藏）

挑运驴皮

熬制驴皮地灶桶

铲净驴皮

图 31　童涵春堂“纯黑驴皮胶”制作过程

图 32　纯黑驴皮胶
（高 2 厘米、宽 2.5 厘米、厚 0.8 厘米）

童涵春堂驴皮胶制作过程见图 31、图 32。

上洋童涵春堂“麝香”仿单（图 33）。

清光绪三十一年（1905 年），童涵春堂为扩大规模购置地产的契纸（图 34）。

1928 年，上海特别市商民协会执行委员会颁给会员单位童涵春堂的会员证（图 35）。

1936 年 9 月，国民政府实业部执照颁给“童涵春兴记药号”（图 36）。

童涵春堂为“人参再造丸”增价启事（图 37）。

1947 年，童涵春堂将天中茶、藿香丸、卧龙丹等中成药给上海四明公所（图 38）。

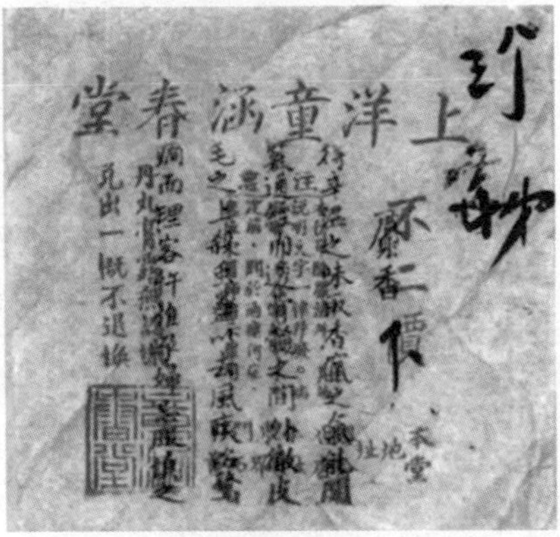

图 33　仿单

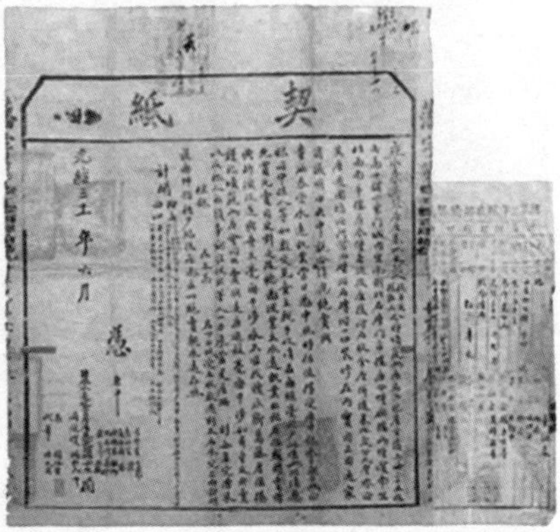

图 34　契纸
（童涵春堂中药博物馆藏）

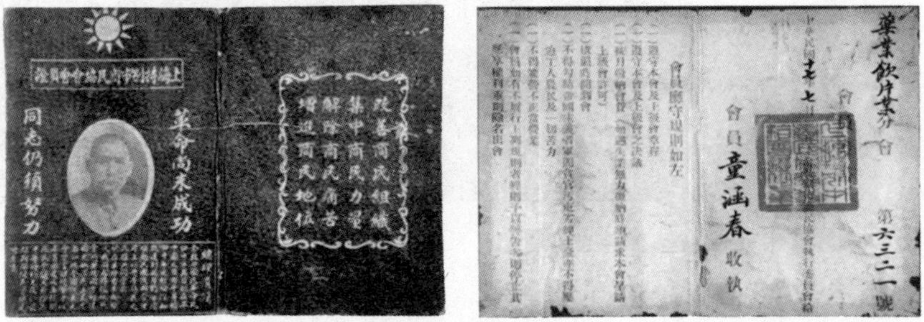

图 35　会员证封面及内页
（童涵春堂中药博物馆藏）

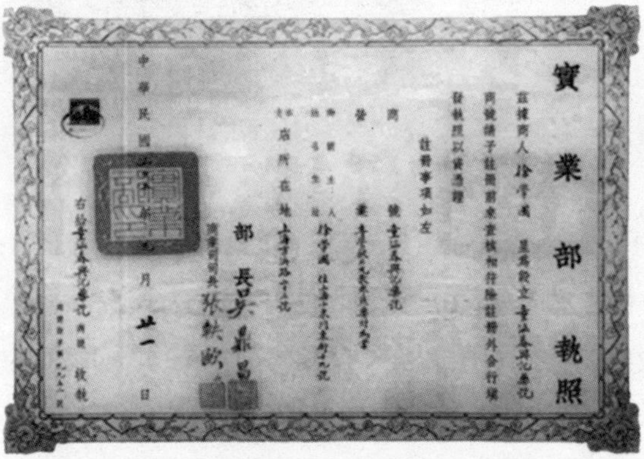

图 36　执照
高 40.8 厘米，宽 57 厘米（童涵春堂中药博物馆藏）

图 37　人参再造丸增价启示
（童涵春堂中药博物馆藏）

童涵春堂至今保存记载药品的堂簿（图 39）。

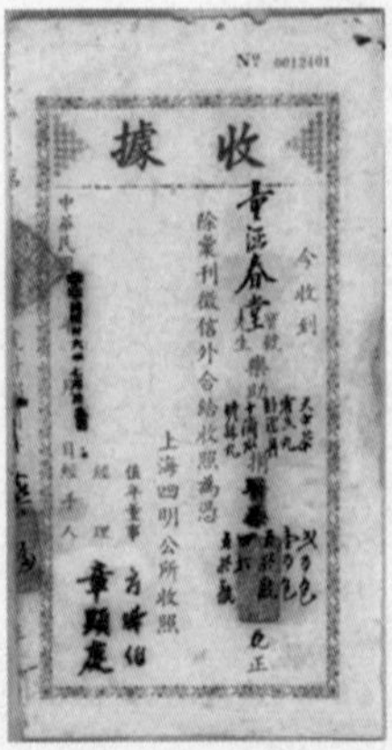

图 38　上海四明公所出具的收据
（童涵春堂中药博物馆藏）

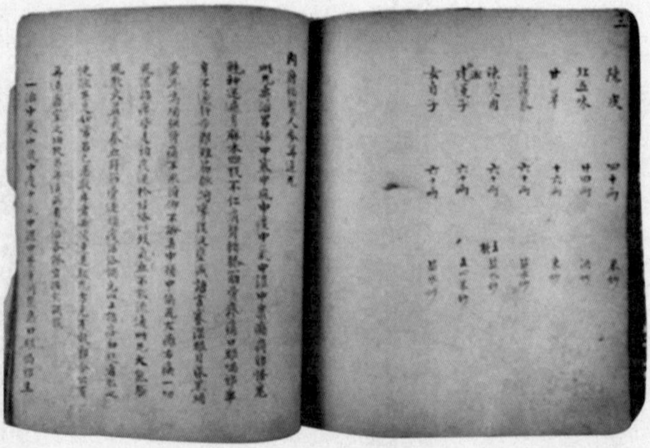

图 39　记载药品堂簿
（童涵春堂中药博物馆藏）

童涵春堂在《申报》上刊登的广告启示（图 40～图 44）。

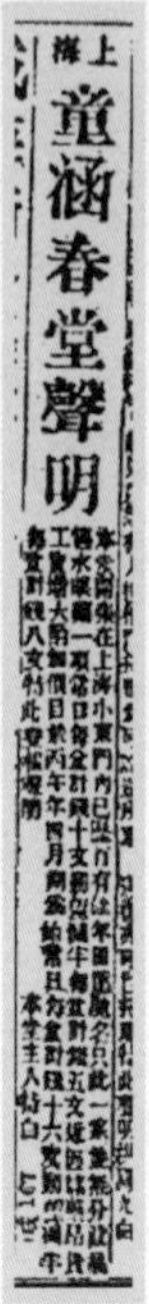

图 40　水眼药涨价启示
（申报，1906-4-8.）

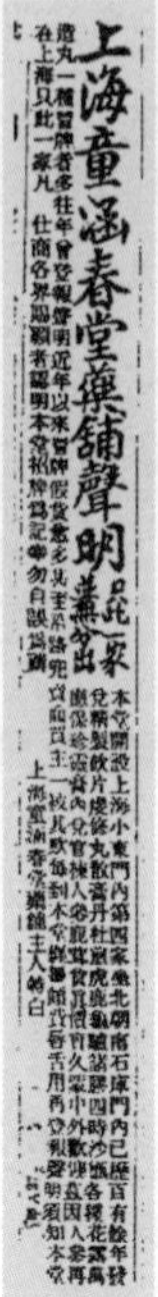

图 41　人参再造丸防伪启示
（申报，1914-11-18.）

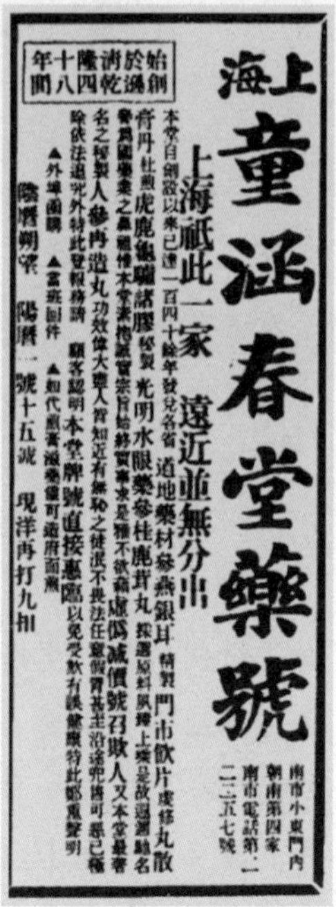

图 42　童涵春堂药号启示
（申报，1934-12-7.）

图 43　童涵春堂爱多亚路分号启事
（申报，1937-10-3.）

图 44　童涵春堂人参再造丸改包装启事
（申报，1943-1-5.）

上海童涵春堂声明

本堂开张在上海小东门内已历百余年，四远驰名，只此一家，并无分设。自售水眼药一项，常日每盒计钱十文，朔望减半，每盒计钱五钱，近因诸药昂贵，工资增大，酌加价目。于丙午年四月朔为始，常日每盒计钱十六文，朔望减半每盒计钱八文，特此登报声明。

上海童涵春堂药铺声明只此一家并无分出

本堂开设上海小南门内第四家，坐北朝南，石库门内已历百有余年。发兑精制饮片、虔修丸散膏丹、杜煎虎鹿龟驴诸胶、四时沙甑、各种花露、万应保珍灵膏，内兑官拣人参、鹿茸，货真价实，久蒙中外欢迎。兹因人参再造丸一种冒牌者多，往年曾登报声明，近年以来冒牌假货愈多，甚至沿路兜卖。而买主一被其欺，每到本堂缠扰，颇费唇舌，用再登报声明，须知本堂在上海只此一家。凡仕商各界赐顾者认明本堂招牌为记，幸勿自误为祷。上海童涵春堂药铺主人特白。

三、雷允上诵芬堂

上海雷允上中药店，是上海著名四大中药店之一。最早成立于雍正十二年（1734 年），位于苏州阊门周王庙弄口，因太平天国运动，雷氏族人避祸上海，在咸丰十一年（1861 年）成立了雷允上诵芬堂上海分店，经营至今。从成立之初，雷允上就以药材道地、药效灵验、价格公道而盛名于江南，历时三百多年。其中，“六神丸”更是被誉为神药，畅销海内外。

1. 雷允上诵芬堂创始人

雷大升（1696—1779 年）：字允上，号南山。其先祖本是江西丰城人。明朝初，雷允上的八世祖雷唐（尚虞）“秉铎琴川，遂家于吴”，在江苏常熟出任掌文教的官职，定居在吴地。其子雷翀（凤霄）以“成化进士，出知于河南彰德府”。明代中叶，雷翀之子雷祖泽（维康）居住于无锡县梅李乡之秦村，后又迁往苏州定居。清朝初，雷允上之父雷嗣源（启阳）为“拔贡生，官局内阁中书军机章京”。

雷允上“幼即孤露”，稍长“砥行读书”，博学广览，尤酷爱读医药书籍。清雍正元年（1723 年），雷允上负病北上入都“应京兆试”。到京后，他病情加剧卧床不起，没能参加考试，待病愈后，启程返回家乡。从此，即无心仕途，拜姑苏名医王晋山（字子接）为师专心学医，与名医叶天士是师兄弟，并在学成后，悉心钻研医药，历游燕齐间，采药于名山大川之间。后来返回家乡，为乡邻诊病，闲暇时从事丸散膏丹的修合和研制。

雷允上的原配夫人是毛氏，“毛氏，观察叔公女”。第二年，毛氏夫人去世，没有子嗣留下。雷允上又续娶了“朱氏，秀野公女”及妾室“箧室陈氏”。朱氏生子雷楷、雷椿、雷桂，陈氏生子雷兰，另外还有三个女儿。

雍正十二年（1734年），雷允上在苏州老阊门内周王庙弄口开设诵芬堂药铺，一边经营药店一边为病人诊病。乾隆初年，雷允上“举鸿博不就，隐于医”。允上医术高明，治病有方，遇到贫困者常免费给药，有时还亲自看顾炉台，炼合丹丸。雷允上在长期的临诊实践中，积累了不少民间验方、丹方，搜集了许多中草药，加上他擅长修合丸散膏丹，在处方和炮制方面独辟蹊径，颇多创造，并著有《金匮辨证》《要症略论》《丹丸方论》等。

雷允上尽毕生精力经营雷允上诵芬堂45年，他的后裔仅传其药未传其医道，殊觉可惜。所著医药书籍，历经战乱，也都散失殆尽。乾隆四十四年（1779年），雷允上逝世，享年83岁，落葬于苏州七子山麓。

《吴县志》曾有记载：

雷大升，字允上，号南山，吴县人。父嗣沅，宛平籍，拔贡生，官内阁中书，军机章京。大升初业儒，乾隆元年举鸿博不就，隐于医，遇贫者与之药，尤精于修合丸散膏丹，为时所重。著有《金匮辨正》《要症论略》《丹丸方论》等书行世，善琴工诗。

2. 雷允上诵芬堂的变迁

雷允上诵芬堂创立于雍正十二年（1734年），在苏州老阊门内周王庙弄口处，名“诵芬堂”。创始人雷大升（字允上）师承吴门名医王子接学医，尽得其传，继承了吴门医派的精髓温病学说，医术高绝，并且擅长修合成药，当开设“诵芬堂”以后，就一边诊病一边经营药铺，医名渐显，在苏州家喻户晓，人们就把人名和店名结合起来连称“雷允上诵芬堂”，有时简称“雷允上”，一直相沿下来，到现在“雷允上”反而取代了“诵芬堂”成了药号名。

乾隆四十四年（1779年），雷大升去世，药店由他的三子雷桂（字宫蟾，号秋涛）接管。雷桂生于清乾隆二年（1737年），早年曾“任广西梧州参军，权苍梧县事”，生有梦熊、梦麟、梦鹏、梦骏四子。嘉庆八年（1803年），他改章立制、去陈布新，为子孙后代的经营发展定下了许多规矩，雷桂邀同父异母弟弟雷兰和亲族表侄陆涛、外甥胡德桂、钱定烈、内侄徐观政、徐观勋、婿沈长年及友杨敷华等，“定准章程开列于后，一样写成四纸，付梦熊、梦麟、梦鹏、梦骏各存一张，以明分析，毋生别论”，而立了分拨店业书。他希望“自拨之后，汝弟兄皆同心协力料理店务，不许各存异见，以致参商”。分立拨店业书后，诵芬堂即归四个儿子及侄子共同掌权，分别为长子雷梦熊（号礼堂）、次子雷梦麟（号耕堂）、三子雷梦鹏（号绮堂）、四子雷梦骏（号蕉堂）及侄子雷梦鳌（号松圃）。这就是后世所说的雷允上的礼大房、耕二房、绮三房、蕉四房及松五房，雷允上由五房平分股权，共同举荐经理管理。五房孙辈各得产权的百分之二十，其中绮三房长期独子单传，股权始终保持五分之一，成为大股东。而其他各房孙辈众多，股金分散，各房后代所持股权相差悬殊，而这也为后来的门户之争埋下了伏笔。

雷允上诵芬堂药铺在雷氏子孙中又相传了近60年。咸丰十年（1860年），由于庚申战乱，太平天国军队攻破苏州，雷允上诵芬堂药号毁于战火。雷氏族人为了生计，将店内贵重细料药材等物分发各房，耕二房雷寿芝、绮三房雷子纯、蕉四房雷莲伯、松五房雷骏声相继避难上海。为度生计，在上海老北门一带设药摊，以卖苏州带来的雷允上丸散为生。

清咸丰十一年（1861年），雷允上的孙子雷子纯在姻亲平、童两姓的资助下，“醵金复旧肆于沪”之兴圣街（现上海人民路永胜街），开设雷允上诵芬堂药号上海分号，即之后的上海南号，主要经营模式为前店后场。当时店的规模很小，房屋也简陋，全部资金仅为800两纹银（平源记出资200两，童青记出资100两，雷氏五房各出100两），聘请南京籍外姓人邓廷翁担任经理。

同治三年（1864年），部分雷氏族人重返家园，暂设肆于阊门内都亭桥，后于清同治六年（1867年），移设苏州西市。清同治十一年（1872年）、清光绪三年（1877年），雷氏族人先后两次在苏州天库前原址重建房屋，作为雷诵芬堂之货栈和工场。从此，雷允上诵芬堂药铺由一家而成苏、申二家，苏店为总店，申店为分店。所不同的是苏州老店归雷氏五房所有，而申城上海有平源记和童青记两户股东。

清光绪五年（1879年）至十二年（1886年），其营业额合计白银五万零二百七十两；年平均营业额约白银六千二百余两。清光绪十三年（1887年）至二十七年（1901年），其年营业额从白银一万零三百二十七两逐渐上升至白银五万零七百八十六两。

清光绪二十七年（1901年），雷氏族人与平、童两股东协商拆股事宜。平、童两人同意退股，并与雷氏族人达成协议。议定雷允上诵芬堂付与平、童两人共计白银一万八千零三十二两，至此历时40年的外姓股东合资经营的局面方告结束。清光绪二十八年（1902年）至光绪三十四年（1908年），其年营业额在七万至九万两白银之间浮动。清宣统元年（1909年），其年营业额突破十万两白银大关。此后十年的营业额仍继续上升，至民国八年（1919年），其年营业额突破二十万两白银大关。

民国二十三年（1934年）上半年，正值苏州市拓宽苏州西中市大街，苏州雷允上诵芬堂老店趁此机会翻建钢筋水泥楼。新建苏州（西中市）雷诵芬堂老店前楼为三层，后楼为四层，店面为石库门。两扇大门两侧分别挂有“诵芬堂雷允上精选正药”和“诵芬堂雷允上阿胶丹丸”的长铜招牌；在库门上端有石刻阳文“雷允上”三个出自江苏武进唐驼手笔的大字，其上还装置书有“苏州总号”的门灯。店堂内铺设花地砖，店内两扇风窗玻璃上刻有“雷诵芬堂”字样。第一进是天幔，饮片柜靠东沿墙，丸散柜在中，天幔靠西沿墙错落而设，饮片柜、丸散柜上方分别挂有“雷允上老药铺”匾牌；在饮片柜前，沿西墙红木茶凳和椅子，并备有煨炭羹茶壶；东、西墙分别挂有张一麟和翁同龢、左孝同等人之题词；前二楼是细货房和账房间，三楼是职工宿舍；后三四层楼是中货房、草药房；厨房在后底层枕河而设。新屋落成时，苏州地方知名人士、药业同仁纷纷前来祝贺老店新开。有一贺联谓：“诵芬主人自营药料垂二百余年，肇基鹤市，驰荟鸡林，嗣更在沪添设南北二号，以便顾客。其擘图周详由现，兹值中市肆屋卜筑兴迁，美哉轮奂，爰书是联，聊供壁云。”“雷允上药料楹联代程乾卿并跋，‘葛令移居勾砂难老，韩公隐市笼药无欺。’”

从1927年起，上海雷允上的经理由雷氏蕉房子弟雷显之担任。1933年，雷显之觅址上海天后宫桥北堍（即今河南北路30号）开设新雷允上诵芬堂，又称北号，原民国路兴圣街口开设的雷允上诵芬堂改为南号。1937年，全民抗战的烽火燃及上海闸北地区，为安全起见，雷氏后裔又在当时上海公共租界内的南京西路719号租下双开间三层楼房一栋，不事营业，只供职工避难之用，但因市口好，乃作为北号支店对外正式开业。药店的经营范围也从原来的只卖细料、丸、散、膏、丹等中成药，扩大到中药饮片配方及参茸银耳、燕窝花露等多种业务。

雷允上北号开市志盛

河南路天后宫桥北堍雷允上诵芬堂北号药铺，于昨日开市营业。自晨至暮，顾客云集，拥挤异常，参燕、丸散、饮片三部，营业均极忙碌。顾客大有争先恐后之势，全日营业，颇见旺盛，尤以该堂精制最负盛名之六神丸，售出最多，后来者竟抱向隅之憾。该号已加工赶制，以应需要，店堂正中，置有玻璃镜橱，内陈列远年名贵珍品，如参、鹿茸、西黄等，价值甚巨，观者颇众。又昨日上午前往道贺者，计到党、政、商、学各界来宾及海上闻人黄金荣、曹幼珊、季云卿、邱子嘉、沈长赓等诸君，又有药材同业，如蔡同德周乾生、范宝生，胡庆余陈楚湘，童涵春高志文、葛申之，王大吉李康年，叶天德张梅堂，王天吉张心斋，元丰庆生药行叶春樵等，杭州药业巨子罗甫卿，王笠堂叶□初，宁波元利等约千余人之多。跻跻跄跄盛极一时，由该号经理雷显之君，偕同各部重要人员等，殷勤招待，并款以茶点及午餐，来宾每人发给纪念章一枚，以志记念。（申报，1934-10-15.）

中华人民共和国成立后，雷允上药店进行企业改组。经合伙人、雷氏族人的同意，改组为雷允上诵芬堂国药股份有限公司。总公司设在上海人民路（原南号），第一分公司设在上海河南北路（原北号），第二分公司设在上海南京西路（原西号），苏州分公司设在阊门内西中市大街（原总店），苏州雷允上胶厂设在天库前64号，雷传堪为公司总经理。同时，为扩大生产率，陆续添置了榔头粉碎机、轧片机等设备来代替手工加工。

1956年1月17日，苏州雷允上药店公私合营，苏、沪两地的雷允上药店各自归当地药材公司领导。企业公私合营后，历史名牌得以保存，六神丸等著名成药均纳入国家收购计划。

3. 雷允上诵芬堂的经营

雷允上诵芬堂从成立之初，就追求药物的品质和疗效，第一代经营者雷允上是一位精研医药的大家，对医学尤其是温病学说有很深研究，同时又擅长修制药物，所以当时苏州百姓从雷诵芬堂买的成药都非常有效，很快就打出了名号。而后世的雷家族人，继承了制药专长，精益求精，不断改良创新。“允执其信，上品为宗”渐渐成为雷允上坚守的品牌文化，三百余年来，雷允上药店出产的药品，信誉能够经久不衰，深得国内外好评，究其原因，在经营管理方面大致有以下几方面特点。

（1）道地原料及独有配制：雷允上诵芬堂从苏申各大药材行选购优质的道地药材。如麝香由杜盛兴香行供给“杜字香”；犀黄采用金山黄；珍珠购进老港濂珠；冰片用“头、二、三”梅；犀角、羚羊角逐只挑选；虎骨用“四腿虎骨”；人参采用大山人参；川贝母用松潘贝；党参用潞党参；黄连用山阴连；杜仲用厚杜仲；豆蔻用大颗白豆蔻；砂仁用原粒阳春砂；陈皮用广陈皮；薄荷用二刀薄荷等。

蟾酥用“面刮蟾酥”，即每年春夏季节，活蟾蜍繁盛之时，在南新路靠万人码头三间工场内，雷允上诵芬堂约渔民每日来此面刮收购，不足之数则派员分赴苏南、苏北水乡地区，发动渔民晚间捕捉活蟾蜍，至指定地点以活蟾蜍每百斤收购。然后，雷允上诵芬堂药工监督渔民先用清水冲洗蟾蜍，再用铁夹刮取活蟾蜍之眉间酥浆。每担活蟾蜍应刮酥浆量，则根据季节不同而定标准。渔民刮酥时，不准把活蟾之血肉刮下，以保证蟾酥的纯净。已刮酥的活蟾蜍由渔民运至荒野处全部放掉，以保护野生资源。刮下的鲜浆（蟾酥）经太阳晒干，天雨则用文火烘干即成为“杜蟾酥”，其质量纯净优于市场供应的“客酥”。

阿胶的原料即驴皮。雷允上诵芬堂挑选大张纯黑的驴皮，混有杂色毛者即行剔除。驴皮购回后，于春季，由皮坊工铲去驴毛，去除头爪。于夏季，将驴皮日晒夜露。于秋季，将驴皮存于阴凉透风处。于冬季，将割成小块的驴皮用皂荚水去除油腻，浸漂洗净，然后，放入木盆内，加入淳厚清澈之水，用栗树柴旺火煎煮一日一夜。其间，按规定时间测量汁水位置，以保持不干涸。然后，将煎出的汁水经沉淀、过滤、除渣，所得纯洁汁水倾入紫铜大锅内，先旺火浓缩，后微火收胶，并加入适量黄酒以去除腥味，熬成即倒入用麻油搽过的锡胶盘内，放在通风阴凉干燥处。至春节后，将驴皮胶取出切成一寸见方、二分厚的薄片，此即称为“雷片”，又称“陈头清”。雷允上诵芬堂的阿胶必须存放两年以上，才能销售。“雷片”的特点是色泽似琥珀，晶莹透亮，服用时，无腥异味，在南方颇受到顾客欢迎。

对有些含有贵重细料的丸剂则采用“双合”制法。将所合丸剂按配方药料先磨成细粉和匀，再依据配方需用的酒、水、醋、蜜、药汁等辅料拌成糊状，晒干成块状。然后，再研成细粉，加入细料药粉和匀。有的品种还得讲究色泽鲜艳，即称“出颜色”，采用“套色法”制成成品。还有罩面（金箔、朱砂为衣）、上光、参研等独特制作工艺。辅料应用也注重质量，如蜂蜜一般采用紫云英蜜，据需要，掌握炼蜜的老嫩。酒泛丸用的白酒，则采用60度的洋河高粱酒。

（2）制度严密，职责分明，层层监督：如送货一关，就设有专门的验收制度，凡有以次充好或不符规格要求的，坚决退货，不徇私情。如六世孙雷某在当企业负责人时，一次因收进珍珠不合规格，不但退货，自己也引咎辞职。又如苏州老店的进货先生，也曾发生因吃进次货珍珠而发生退货情况。六世孙绮三房雷滋蕃，曾在上海南市自行开设雷同均堂药铺，由于经营不善，面临倒闭，当时雷允上的负责人雷理卿为照顾族人，将其店货全部盘进，但发现有不少药材、丸散质量低下不符要求，雷理卿就毅然把这些次品药材、丸散，敲锣打鼓，用船送到吴淞口处，倒入海中。这样做固然有广告宣传的作用，但也足证雷允上药店对药品质量的重视。

（3）用人制度严格：不论是雷氏族人还是药店内部职工的升迁聘任、薪水工资等，都有完善的规定。根据雷氏全族合议，凡是雷氏子孙进店担任负责人前，必须先从学徒做起，逐步做到精通业务。如雷氏八世孙雷传湛本人毕业于上海东吴大学法律系，进店之初，也毫无例外地先当学徒，从基层做起。这一制度，世代相传，从未废弃。除业务专长外，还规定接班人不准吸食鸦片烟，得具有一定的道德品质，作风更要正派。这一规定，保证了雷允上药店的经营管理大权一直掌握在作风正派、业务内行的雷氏子孙手中，也保证了六神丸的质量及名牌名店的声誉和地位。

药店经营情况与职工经济利益紧密联结在一起。在公私合营前，雷允上在上海的三爿店共拥有职工 200 多名，送货和杂务工的工资最低。而进入雷允上的职工，必须从学徒、杂务开始学习，只要不犯错误，工资和职位总是逐年增加或上升。年终采取分红制度，一般红利相当可观，有时甚至超过全年的固定工资。职工感到业务好坏与自己的切身利益挂上了钩，所以一般都很勤奋努力。抗日战争胜利后，物价如脱缰之马，为了稳定职工情绪，又采取提成制，刺激了职工的生产积极性。除工资待遇外，药店还规定在店职工一律供给膳宿，医药免费。中华人民共和国成立后，雷允上药店在全市同行中首先成立了劳资协商会议制度，实行民主办店，凡遇商店重大事情，都要通过劳资协商会议协商解决。在业务时间里，劳资双方也尽可能打成一片，开展各种文体活动，培养职工爱店如家的感情。

（4）保护产品，注册商标，坚持打假：民国四年（1915 年），雷允上诵芬堂药铺苏州总号、上海分号以经理雷文衔、代表雷文骰及业主向吴县呈请商号注册。二月十一日，获准，发给商号注册第一类第二号执照一份。

民国十七年（1928 年），雷允上诵芬堂向国民政府全国注册局呈请设立雷允上诵芬堂药铺（苏州）和上海雷允上诵芬堂药铺（支店），经“核与条例，尚属相符，应准按照左列各款注册给照此证”（图 45）。苏州雷允上诵芬堂药铺收执江苏吴县第叁号证书，上海雷允上诵芬堂药铺收执江苏上海县第一〇三号证书。同年九月十九日，雷允上诵芬堂“以九芝图商标专用于商标法施行细则第三十六条第一类之各种药材及丸、散、膏、丹商品”，业经国民政府全国注册局“依法审定、准予注册，取得专用权，自十四年（1925 年）一月十六日起至三十四年（1946 年）一月十五日期满，合行发给注册证，此证”，证号为第 980 号。

虽然，雷允上提请商标局注册了商标，但是日本人却钻了商标法的空子，注册相似的商标，雷允上就走上了与之长达两年多的商标诉讼之路。1924年，日本制药商人矢渡平兵卫用“雷允”“雷允号”等字样注册了商标，销售药品。雷允上将其告上商标局，要求撤销其九号、第九十三号注册联合商标。官司历时两年多，直到1926年，商标局根据雷允上诵芬堂药铺创立数百年，“载在志乘，著名已久，世所共知，实为不可争之事实。其雷允上字样，以开创人之姓名，用为该药铺之商号，虽非以此为商标，然据称于其所制丸散膏丹，无不加盖雷允上制或雷允上发兑戳记，是又具有商标法上所定标章之价值”。判定日商的商标所用“雷允”及“雷允号”字样，的确有影射之嫌，用于同一种商品，会误导消费者，这违背了商标法。于是，商标局就撤销了日商“雷允”“雷允号”的联合商标。

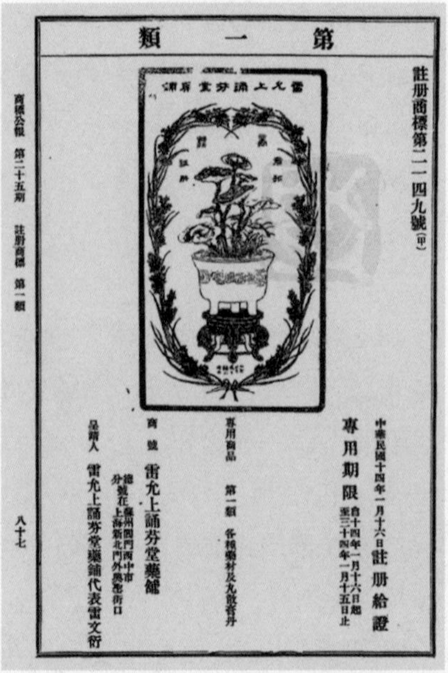
第一類

註册商標第二二四九號(甲)

雷允上誦芬堂藥舖

中華民國十四年一月十六日註册給證

專用期限 自十四年一月十六日起至三十四年一月十五日止

專用商品 第一類 各種藥材及丸散膏丹

商號 雷允上誦芬堂藥舖 總號在蘇州閶門西中市 分號在上海新北門外興聖街口

呈請人 雷允上誦芬堂藥舖代表雷文衔

商標公報 第二十五期 註册商標 第一類

八十七

图45 雷允上诵芬堂药铺注册商标
（商标公报，1924：25.）

后来苏州日租界撤销，日领事在返国前，假惺惺地去向雷氏告辞，并主动赠送其本人肖像一帧，以示“友好”；同时，又以留作纪念为名，向雷氏索取照片，雷不辨有诈，就还赠一帧。不意该日人返回日本后，就公然仿制伪六神丸，并把雷氏照片印在包装纸上，从中牟利。

上海雷允上药店之苏州总号，在阊门内西中市，为数百年老店。亦当地同业之巨擘，营业甚广，尤以所出秘制之六神丸一种，每年营销于日本者为数颇巨。在过去若干年来，日人曾多方设法欲向该号觅取配合六神丸之原方，未达目的。盖该号主人，以六神丸原方，系祖传珍秘之件，向来传子不传女，故外人无法觅得者。苏州去冬沦陷后，日人于多方掠劫搜刮之下，仍未忘情于雷允上六神丸之配合方剂，乃于前日由一日人以军部名义，向雷允上苏号接洽，谓拟以日人所有之老笃眼药配合方剂，交换六神丸配合方剂。当经该店婉词拒绝、日人悻悻而去，而雷允上苏号，恐日人再以日军部名义前往威胁，故已暂行停业矣。

因为雷允上的成药效果非常好，尤其是六神丸，闻名江南，远销海外，所以假冒雷允上六神丸的私制行为就没有断绝过。在丰厚的利益驱动下，一些人铤而走险，而雷允上也一直与之斗争，保护自己的产品。

1933年，经上海市公安局侦缉队，在南市小东门外咸瓜街裕泰药材行及立大药行，查获了假冒雷允上诵芬堂药号秘制六神丸、西洋参药品，拘捕了管理人员，并当场搜出假药、仿单等证据。制假不但是药物，就连盛药的瓷瓶都是江西窑冒牌烧制。1936年，在法租界，亦由包探抓到仿冒雷允上六神丸的粉盒、商标、账册等。另外，在上海本地制作假药后，发运到外地分销。如1933年江阴靖江西来菴人熊开元，在上海长寿春药店当伙计时，就私制胡庆余堂人参再造丸、苏州雷允上六神丸、上海徐重道小儿万病回春丹等，运至江阴，托东大街太和堂伙友金坤培代销，获利颇丰。

4. 雷允上诵芬堂的特色产品

雷大升初创诵芬堂时，就一边临诊一边研制成药，在实践过程中积累了大量古方、验方、单方，并对此进行精深研究，特别是对时疫急救、外科多发病等有奇效的动物、矿石类药。

据雷允上药店职工陶诒武讲述，有一年，苏州发生瘟疫，流行“痧病”，患病的人很多，上吐下泻，四肢乏力，有生命危险。雷大升精心研制出专门治疗痧病的药物，疗效非常好。他有两张药方，即“诸葛行军散”“痧药蟾酥丸”。凡瘟疫病人吃了他的药，病情就会好转，没有生命危险，因此，雷允上名声大振。

雷大升根据临诊经验，在药物炮制、成药配制上不断改进，特别是麝香、犀角、牛黄、羚羊角、珍珠等名贵香细料及剧毒药的用法和炮制工艺，都有很独到的法门。对矿石和贝类原料如朱砂、腰黄、珍珠等以及眼药、外科用药均需经过“水飞”，用舌舔之，感觉细腻，直至“无粒”“无声”为度。根据药物特性和炮制规范，凡不宜用火加工的，均以晒干、晾干为主，尤其是芳香性药物及含朱砂的丸药。这样不仅丸药香气浓郁，而且保持了丸药的新鲜润泽。

梅花点舌丹、镇惊丸、镇心丸、人参再造丸、诸葛行军散等部分丸、散、丹都用金箔或作为衣或和入药料中。特别是紫雪丹，在修合中除按处方将寒水石、生石膏等矿石类和黄金同煮外，合成时先收干结晶，然后再加金箔。凡用麝香、犀黄、珍珠等细料修合的药物，均采用“净粉投料”，即每种原料各取净粉，按处方用量投料生产。如此，能避免原药材在加工过程中损耗不一而影响原药含量。

雷允上对于矿石类药物和名贵细药的使用经验、炮制方法，一直被雷氏族人传承下去，并不断改善和优化，最终研制出举世闻名的神药——六神丸。关于六神丸的来历，一说是雷允上在清乾隆十二年（1747年）研制，另一传说为清同治三年（1864年）经营上海雷允上诵芬堂药铺的雷子纯研制而成。根据史料，六神丸应该从雷子纯（滋蕃）处得来。据雷允上诵芬堂药业创始六世祖南山公所书《合族致滋蕃公（雷子纯）》记载：“惟六神丸一方，系在同治初年由绮三房子纯公得来，归诵芬堂售买，公诸合族。惜子纯公享年不永，故彼时虽有此方，流传未广，嗣经焦四房莲伯公（雷莲伯）暨礼大房理卿（雷理卿）弟兄陆续增修，精益求精，始获畅行。”

“六神丸”药名含有两层意思，一是其药成分共有六味，如麝香、蟾蜍、珍珠、牛黄、冰片和明雄黄等中药材；二是服用六神丸之后，人体脏腑心、肺、肝、肾、脾和胆皆安，且具有镇痛消炎、清凉解毒等功效。主治咽喉肿痛、单双乳蛾、喉风、烂喉丹痧等症。近年临床发现该药对乙型脑炎呼吸衰竭、流行性出血热、乙型肝炎、流行性腮腺炎、流行性感冒、蛲虫病、哮喘、心房颤动和扑动、急性肾炎、白血病、食管癌、乳腺炎、阴道滴虫、带状疱疹、牙痛等都有很好的治疗作用，六神丸有既可内服又可外敷等许多优点。雷允上的“六神丸”颗粒均匀，质松不碎，光泽发亮，芳香扑鼻，久存不变，功效显著。

据传说，1936年某日，冯玉祥将军因吃饭时被鱼刺扎破了嗓子，流血、肿胀，吞咽困难，饭不能吃，夜不能寝。保健医生李德全女士直接从苏州雷允上药店购得六神丸，冯将军服后果然很快止痛，第二天肿就消了，进食如常。事后，冯将军挥笔写了“南有胡庆余，北有同仁堂；誉满我中华，苏州雷允上”的五言诗表达对六神丸功效的赞誉。

“六神丸”最开始并不是属于雷允上诵芬堂总店的，而是由雷滋蕃在上海经营的雷桐君堂药铺。雷滋蕃重金聘用原雷允上诵芬堂的制丸师傅，并由其妻女参加，在苏州通和坊家中捻制而成，以业主名字命名为“雷滋蕃牌”六神丸。

光绪二十八年（1902年），经雷氏各房与雷滋番协商，雷桐君药铺关闭，“雷滋蕃牌”之六神丸停止出售，全归诵芬堂公店，此后六神丸在雷家各房中不得独自售卖，“雷滋蕃牌”六神丸改成“九芝图”牌六神丸。并厘定了一套严格的选料制度和制作技巧，形成了一整套独特的制作工艺。如六神丸所用原料中的麝香，便是药铺花费重金购得，麝香购入后，随即藏入石灰缸内，等到完全干燥后，其重量至少已经损失了四成。

雷允上六神丸经过雷氏后人不断改进，精益求精，因功效显著而畅销。民国时期多次获奖，如1915年获江苏省地方物品展览会奖状和奖章，1916年获农商部物产品评会奖和奖章，1929年获工商部国货陈列馆奖，1930年获西湖博览会奖状和奖章；1931年获实业部奖状。1951年雷诵芬堂参加展览药品概况见表2。

1953年，六神丸的产量创历史最高纪录。当时，外地同行和顾客不断来人来函，要求购买，销售范围北至黑龙江、内蒙古，南至云南、广东，其他还有川、陕、甘等省。经销者不仅有大城市的同行，还有乡镇小店亦都来函要货。国外的销售，除原来由客户上门来购外，其余均委托香港的“唐拾义”、新加坡的“永安祥”、缅甸的“张裕泰茶行”等单位为特约经销处，并在新加坡、马来西亚、印度尼西亚、缅甸等地申请了九芝图商标登记，以取得合法注册。

表2　1951年“雷诵芬堂”参加展览药品概况列表

产品名称	产量（1950年）	销售价（单价：元）	内（外）销范围
六神丸	300 000盒	14 000	国内外
行军散	80 000瓶	14 000	华南、华东
红灵丹	18 000瓶	3 600	华南、华东
避瘟丹	45 000块	5 000	华南、华东
紫金锭	80 000条	1 200	华南、华东
痧药丸	2 500两	100 000	国内各地
卧龙丹	20 000瓶	1 100	华东
纯阳正气丸	50 000两	1 600	华东
万应午时茶	30 000块	700	华东
人生再造丸	60 000粒	14 000	华东
小儿回春丹	10 000粒	5 800	华东
万应膏	14 000张	单料3 600	华南

雷允上中药店除生产品牌产品六神丸外，诸葛行军散、痧药蟾酥丸等也颇受欢迎。这些产品一般都重用麝香等名贵细料，在制作泛丸时，香飘十里，不需报纸宣传或借助广告，顾客闻香而至，经常门庭若市。此外，如卧龙丹、蟾酥丸、辟瘟丹、飞龙夺命丹、红灵丹等，均有不同程度的疗效。

5. 雷允上诵芬堂大记事

1734年（清雍正十二年），雷允上在古城阊门旁设立了“雷允上诵芬堂”老药铺，始创雷允上药业。

1860年（清咸丰十年），雷允上诵芬堂毁于太平天国战乱。

1863年，雷子纯于上海开设雷允上诵芬堂分号。战乱平息后，部分雷氏族人返回苏州，重设药号。雷允上诵芬堂由一家而成为苏、申二家，申店为分店。

1864年（清同治三年），六神丸问世。该药以六味名贵中药配制而成，能消肿解毒、清热止痛，服后六神皆安，故名六神丸。远销东南亚一带，被视为“神药”。

1877年（清光绪三年），雷允上诵芬堂按前店后厂的模式，设立加工厂，并逐步扩大规模。

1919年，雷允上诵芬堂营业额达23.9万余两白银。

1928年，雷允上诵芬堂委派雷氏族人雷文衍、雷文桐向国民政府全国注册局呈请设立雷允上诵芬堂药铺（苏州）和上海雷允上诵芬堂药铺（支店）。

1930年，雷允上六神丸获西湖博览会奖状和奖章。

1934年，雷允上诵芬堂于上海河南北路开设新店，命名为雷允上诵芬堂北号；原处上海人民路的雷允上诵芬堂改为分号；苏州雷允上诵芬堂定为总号。

1956年，雷氏族人献六神丸秘方给国家。同年国家卫生部将六神丸列入国家保密品种。

四、蔡同德堂

蔡同德堂，近代上海国药号“四大户”之一。1875年，浙江省宁波府蔡鸿仪创立于汉口，后于清光绪八年（1882年）迁于上海。蔡同德堂自从迁到上海，就因道地药材、精制饮片、参茸银耳、丸散膏丹、胶露药酒饮誉海内外。其中，最著名的就是补膏补酒，如虎骨木瓜酒、洞天长春膏等，最终发展壮大，成为名动上海的国药号。直到现在，蔡同德堂都是上海最有名的国药店之一。

1. 蔡同德堂创始人

蔡鸿仪，字嵋青，祖籍浙江省宁波府东乡潘火桥人氏。其父蔡恒兴在汉口曾创立“恒兴洋布店”，家境殷实，曾在原籍设义庄，置田产千余亩，以接济族内鳏寡孤独、贫寒困苦者，并办义塾让同乡的幼儿入学读书。蔡鸿仪为长子，开始时继承家业从事布商，但他自幼读私塾，喜好古文、中医本草，就在汉口开设了一间药号。他借用《尚书·泰誓》：

“予（我）有臣三千惟一心，予（我）有乱臣（治乱的臣子）十人，同心同德。”中的“同心同德”，冠以蔡氏姓，取号“蔡同德堂”。汉口的蔡同德堂经营并不景气，蔡鸿仪看准了上海租界市面繁荣、人口集中的商机，于是在英租界抛球场后购置地产建造房屋，名济阳里，将药店蔡同德堂自汉口迁至上海。上海的蔡同德堂因选料精良、加工精细、用量准足，又恪守货真价实、童叟无欺的商业准则，渐渐赢得了大众的认可，此后生意兴旺、业务不断发展壮大，很快便跻身为近代上海中药四大户之一。

按凌冬梅《浙江女性藏书》蔡瑛（蔡鸿仪的女儿）的家世关系（图46）中提到了一些蔡鸿仪的信息：“蔡恒兴……字同贵。咸丰三年（1853年）以 2 000 两银子作为资本在上海创立‘恒兴布店’，从事英美进口洋布原件的批发，遂成为上海棋盘街规模最大的五家布店之一。赚钱后转投中药材生意。蔡鸿仪……蔡恒兴长子，字嵋青，号君卿。自幼读私塾，好文章，喜本草。继承父业，初设药肆于汉口，返沪后于 1882 年创建蔡同德堂。”从这段文字看，蔡鸿仪似长于上海，成年后到了汉口开药肆，与其他文献中的记载略有出入，因资料有限，已不可考证。兹将其录于此，略作疑问。

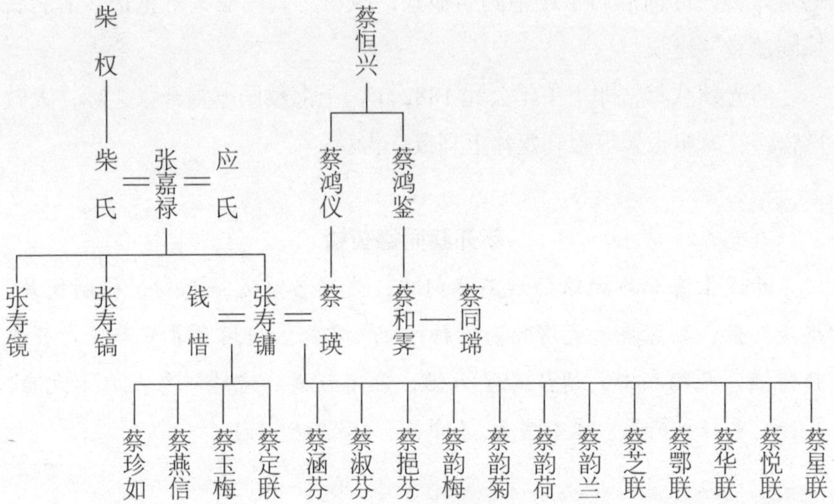

图 46　蔡鸿义家世谱

2. 上海的蔡同德堂

蔡同德堂在 1875 年开设于汉口，具体地址和情况已经不能详知了。因经营不佳，同时上海商业繁荣，蔡鸿仪就决定到上海发展。于是，他就在上海北市英租界抛球场后购置地产（即今河南中路近南京路口），筹建新屋，将蔡同德堂自汉口迁至上海。上海的蔡同德堂为了打开市场，在建筑上面也是效仿了上海的建筑风格，华丽辉煌，中西兼容，精工雕刻，很具海派风格，是坐西朝东、前后五进典型的石库门房子。第一进中为门楼，左右为厢房，天井周围屏风栏杆；第二进为店堂，南首丸散柜，北首饮片柜；第三进为客堂，两旁为经理室与账房间；其后二进为料房（工场）、储藏与厨房等。刀房（切制原药）设于前进两旁的厢房，细货房设于店堂楼上，格斗房（饮片储藏）设于客堂楼上。店内各种匾额挂联均系金底黑字，书法多出自当时上海书法名家汤经常之手。店堂门额上悬挂“蔡同德堂”匾额，店堂内挂有“鹿鹤寿星”图标。这个商标是名画家吴道之所绘，1932 年由蔡氏后人蔡和霄申请核准注册为蔡同德堂的商标之一。中间横匾“继志”两字并加跋，勉励后嗣继承先人创业济世之志，下款署“光绪八年岁次壬午李鸿章题”。蔡同德堂是传统的前店后工场中药店模式，故有“高高墙头寿星记，前店后场同德堂”之说。

清光绪八年，即壬午年公元 1882 年，上海蔡同德堂开张之际，大做广告，在《申报》等报刊媒体上刊登广告：

新开蔡同德药铺

开设上海北市抛球场后石库门内，发兑各省道地药材，精制饮片。虔修丸散，杜煎虎、鹿诸胶，各种沙甑、花露。自运参茸官燕、奇效膏丹药酒。凡赐顾者，请认寿星为记，庶不致误。光绪八年七月十九日，先行交易择日开张。本堂告白。（申报，1882-9-1.）

除了在报纸上打广告（图 47），蔡同德堂还印刷了许多铜版雕制“鹿鹤寿星”的小广告，向市民广为宣传，这张刻有梅花鹿、白仙鹤、皓发童颜的老寿星、药葫芦和预示长寿的蟠桃，组成一幅精妙绝伦的图案。

蔡同德堂自开业以后，就以选料地道、加工精细为经营方针，生意十分兴隆。随着资金雄厚，就积极拓宽业务。其后在民国初年，由第二任经理汤以尧在杭州湖滨购地 5 亩建造胶厂，专煎驴皮、龟板、虎骨、鹿角、鳖甲等荤胶和枇杷叶、益母草等素膏，并在西湖出口处松木场地建造专供漂皮所需的场地房屋。1920 年以后，又在上海霍山路 1087 号购地自建酒厂，雇用绍兴酿酒师傅，自进高粱、粟米，酿造白酒，为配制虎骨木瓜酒等各种药酒的原料。这使该店具备生产各种胶类与药酒的能力，成为当时本市同业中规模最大、设备最齐全的大型药店。

上海蔡同德堂藥店廣告

本堂開設河南路拋球場北特設膠廠於杭州湖濱路汲取西湖秀水杜煎虎鹿龜驢毛角鹿茸等膠採辦各省道地藥材炮製丸散膏丹如人參再造丸大補全鹿丸茸桂百補丸參桂鹿茸丸聖濟大活絡丹十全大補膏等各藥品及其他參燕野朮銀耳一切細料莫不俱備並監製藥酒來源多用火酒攙雜大礙衛生本堂爲道德計於四年前在本埠滙山路購地特建酒廠自辦糧料聘用技師精釀各種純正藥酒久爲各界推許如蒙惠臨無任歡迎

電話一四六五九號

图 47　蔡同德堂药店广告
（申报，1930-12-1.）

1937 年“八一三”抗战全面爆发，霍山路酒厂毁于炮火，杭州胶厂亦遭歹徒洗劫，损失 10 余万元，且无法生产，因驴皮胶系蔡同德重点产品之一，特派胶厂人员去河南周家口租赁房屋，安装设备，依法煎制驴皮胶。经过 3 年时间，杭州市面逐渐恢复，胶厂房屋尚无大损，经修葺整理，重新生产。上海霍山路酒厂因遭战祸，仅存栈房平屋 10 余栋，设备凌乱散失，为恢复生产只能进行大规模的重建工作，添建 10 余间高平房，重新购置酿造设备与生产工具。抗战胜利后，国民党政府对酿酒厂课税特重，蔡同德堂遂停止自己酿酒，因而生产的药酒质量下降，销路大减。

3. 蔡同德堂的经营情况

蔡同德堂随着业务的发展，其专职部门也随之变动，在鼎盛时期根据业务需要，设置了很多部门，以经理为首，管理全店行政与业务。

分别工种设置部门（原来称为各房），营业部设饮片柜，专门配方与零售细料单味药材；丸散柜专售本店自产各种丸、散、膏、丹、荤胶、药酒等。小炒附属于饮片柜，为饮片配方的辅助工作。制造部门设刀房，专门切制门市配方所需的饮片，每至冬令补剂旺季时期，来方配好药料，到家上门代煎，即称为出合，亦由刀房人员负责。料房专责制造各种丸散成药、花露、药酒、煎素膏等。打杂房专炒饮片大宗药材，以及制胆星打霜类等。此外破麦冬、铲虎骨、印刷，各有专人专职独立一房。贮藏部设货房，负责拣选原料药材与保管整件原料。细货房负责贮藏保管各种名贵细料品种与胶类等。格斗房贮藏从刀房切好的饮片和装店堂格斗，栈司专门磨粉与各项劳务工作。生活服务方面设有厨房专司炊事工作，茶房主要是为客堂间服务。其后至1938年增辟接送部，专为接方送药和电话购货服务。迨1949年以后，为配合劳保业务的需要，1952年开始又增设一部代客煎药。此外杭州胶厂专门煎制各类荤胶，上海酒厂专酿原料白酒，至1953年改为药厂。按照上列分工方式，似较复杂，但职责比较明确，在管理上更为方便。

人事安排和企业管理本店的资方不参与行政管理，而聘请经理全权处理业务与行政。在抗战初期虽因家庭纠纷，由蔡孟方出任总经理之职，亦仅是名义而已。店内实际管理设经理1人，内外瞭高各1人（内瞭高相当于副经理，外瞭高坐镇于外面店堂间），进货1人，账房2人（出纳、总账）。杭州胶厂设管理1人，上海市酒厂由店经理直接管理，仅设财会一人以供协助。店内各部门均各设领导，管理与安排各自的工作，如营业部的头柜、二柜，刀房的头刀、二刀等。

（1）质量管理：质量管理是蔡同德取信于民而成为名店的重要环节。在管理中首先是抓进货，担任专职的进货人员，须有一定资历与经验。凡是贵重的细料药材，进来后要由经理过目，必要时再与细货房负责人互相评议决定。有的需要拣面的药材，由药材行将原件发来，交货房挑选，留下符合本店可用的部分，其余退还药行，价格则高出统货几成甚至成倍。其他大宗药材也要经货房与刀房有关分工人员商量办理，如有不符合要求的，当即退货。其次在饮片切制与成药配合方面，必须按操作规程，特别是细料丸散的制造，要由有关加工人员按照需要用量开具细货领料单，向细货房领取，然后由丸散头柜复核分量，当众拌和，以资慎重。此外原料饮片与成药的贮藏也是保证药品质量的重要环节，按照具体情况采取调换矿灰，以及烘、晒、晾等方法保存。各部门领导都有一套传统经验，经理与瞭高及时过问，认真对待。

（2）人事管理方面：各部门领导大多数是从部门工作中逐步提升，因此具有一定业务知识和丰富的经验。店务由他们分工负责，经理主要掌握着有权停职（当时所谓歇生意）。一般学徒进店，须有一荐一保，立有保信，这种制度直到1949年以后始予取消，在1924年以前更有严格的规章制度。学徒满师，必须先做小炒，然后升为营业员等职。店内全体从业人员（包括经理）都供给膳宿，一律不准携带家眷。早晨7时开门，晚上11时打烊，虽有早、晚班之分，一般每天工作在10小时以上。晚间外出须在11时以前回店，否则即作开除论处。职工虽然每年可享受回乡探亲假两个月，但须核准方可请假。阴历十月以后进入业务旺季，不得随便请假。当职工回乡之时，须将携带的衣箱打开，请瞭高过目。学徒在3年之内不得回乡探亲。每逢三节（正月初五、端午、中秋）由经理分别与各部门领导谈话，听取各房意见，决定对职工的去留。如有偷窃舞弊等行为，一经发现，不待三节随时可以开除。在职工会成立以后，工作时间始有调整，业余外出与携带家眷均不再作限制。逢节停职之人虽不多，但仍尚此旧习执行。

（3）财务会计制度：蔡同德账房间有现金出纳与总账结算各1人。账务虽采取旧式簿记，但均按规章处理，资产负债损益计算，都能准确表示，制度比较健全。迨年终结算后，由经理向资家报告红账。成本虽无核算方法，但从原料到加工成品均有数量记录（但无金额表示）。例如原货发交刀房切片，由货房将发出原料记入账册，一货一目；待加工切成饮片后，由瞭高过秤，分为头片、二片，核算损耗折扣，但无工时、辅料等成本金额，因此无法计算每一品种的成本与毛利。各部门保管的存货都有收付记录，每届年终由经理、瞭高与进货人员参加盘点存货，复核账册，部门之间领取原料均有领料手续，营业部出售由细货房保管的药品均要开票签名领取。门市部每笔营业，由营业员开出双联凭单，其一联连同现金交给账台（在20世纪30年代以后才实行），每天下午4时并账，将门市现金交入账房。从各种制度上看，似乎都有一些规定，但实际上也不尽完善。

工资制度、生活福利以及企业利润分配在旧社会中的职工工资待遇，除邮政、海关、银行、洋行等比较优越外，其余商业系统都是较低的。中药行业也不例外，但在上海几家国药大户中还有利润分配（当时红利分配高于工资几倍），因此受到同业羡慕。当20世纪20年代以前，蔡同德职工工资按年计算，每人年薪40～80元，月规每月1元。其后职工会成立，经过协商分为等级规定工资，蔡同德属于特级的，每月工资自20元起档，每档加5角。这样人数多的部门，如饮片头柜每月工资近30元，丸散头柜可有二十七八元。每年以12个月计算（按阳历），另加归工假每年65天，如果不请归工假或请而不足，则按本人工资照给。走工每天一小时按节结算。此外代煎膏滋与合丸的加工费用收入，亦均归职工平均分派。抗日战争开始以后，由于物价上涨，开始每人每月增加米贴5元，至储备券开始以后，币制不断贬值，几次增加米贴，已无济于事。经同业公会与职工会协商规定，全行业工资不论大小范围，都按各自的营业额提取30%作为全店从业人员的工资额，其中一半按人数平均分派，另一半按每人的工资基数大小比例分配。为了对付币制的贬值，每天提成每天分派。此外另加每人每月米贴5斗，按每月15日牌价计算发给。

本店的生活福利待遇，循着旧社会的风俗习惯没有改变。饭菜三荤二素六人一桌，每月阴历朔望以及阳历1号、15号每桌添肉一碗，节日与药皇诞辰外包延席，过年连续一星期更为丰盛。由于旧社会制度的限制，对年老退休、病假医疗费用均无明文保障，待企业性质改变以后，才得到根本解决。

企业的利润分配，既是资方的应得利益，又是职工的劳动报酬，其分配的办法随着社会形势的变迁而有所不同。20世纪20年代以前，以3年为一账，即以3年之利润并在一起，分利一次。职工如未满3年而被开除时，即相应取消其红利分配权，待职工会成立以后，这种不合理的制度才被取消，改为每年按结算盈余，当年分派。至于利润分配的比例，当初按16份分派，资方得10份，经理、瞭高、进货、账房、胶厂管理等管理人员得3份，全体职工得3份。此外各部门首领，由经理做主按不同部门另给酬劳，每人数十元不等。职工渐渐对这样的分派方式不满，因此每届结算分红时往往引起争执，形成讨价还价之局面，后将增加部分列作本年开支，其后经过协商改为 17 份分派，其增加的一份为职工所得。至于职工的应得部分，其分配方法是按盈利结算年份中，每人所得实际工资包括多余的归工按比例分摊之，这样每元工资最少的是三四角（“一·二八”淞沪抗战后的一年），一般为每元工资分到 1 元左右红利，多至 2 元。其后由于货币贬值，很难计算，工资主要以提成为保障。

4. 蔡同德堂的特色产品

蔡同德堂开业伊始，就精研医药理论，收集古方、良方，总结前人经验，吸收中药传统加工工艺，编写了《蔡同德堂丸散膏丹全录》（图 48）一书。蔡同德堂提出“取古方之著效”“以期利济于人”“治病在前，救人是本”的制药精神，慢慢形成了以“真诚”为本，“信义”为根的企业文化。坚持选料精良、加工精细、用量准足，恪守货真价实、童叟无欺的商业准则，使生意兴旺，在 20 世纪 30 年代达到鼎盛阶段，成为近代上海最有名的国药号之一。随着生意兴隆，药号业务也从国内扩大到海外，“蔡”记号的丸散膏丹行销美国旧金山和香港、印度尼西亚、马来西亚等地，形成了“纯黑驴皮胶”“龟腹板胶”“虎骨胶”“鹿角胶”“虎骨木瓜酒”（图 49）“洞天长春膏”“癫狂龙虎丸”“妇科玉液金丹”“肥儿八珍膏”等众多主打品牌。

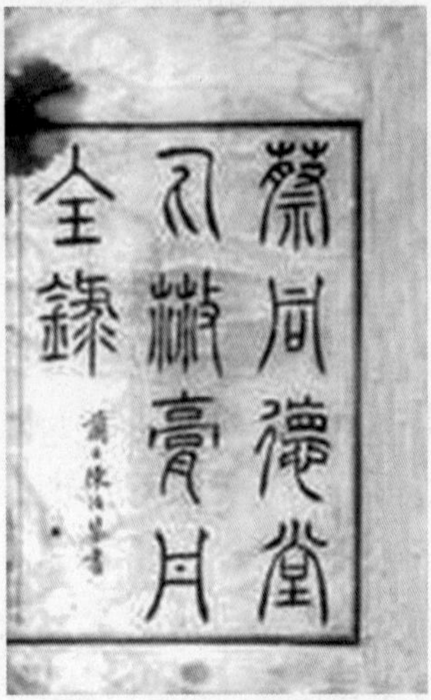

图 48 《蔡同德堂丸散膏丹全录》

（1）纯黑驴皮胶：向皮毛行和经营此品的药材行选购黑驴皮时，要取其大张，并观察其是否活宰的（据说，驴尾巴不下垂才是活宰）。每年夏秋之间就开始铲毛，当时有特约的一批萧山农民专操此业，技术熟练。先将原皮浸软割去头爪，铲去正面的毛和反面的腐肉，入清水漂净然后

图 49　蔡同德端节礼品
（申报，1948-6-7.）

晒干，呈透明状。藏过本年冬季和次年夏季，至阴历十月开始煎胶。先将干透的驴皮用清水浸软，割成块状。入锅之前，先在锅底放入竹置衬填，以防皮块黏附结焦。煎胶采用五眼地灶，加木制接口（即在铁锅上沿加装木桶状的接口），将皮块投入接口锅内，加足水分，煎 24 小时，这称为水胶。出锅后把尚未煎完的皮块并入下次的最后一只接口锅内（即第五只接口锅），把取出的水胶混合分盛于数缸。此时用少量的白糖和明矾拌和作为混悬剂，倒入胶液缸内，用棒猛力旋转搅拌，使其静止后沉淀。次日在缸面轻轻取出胶汁，用丝棉过滤去沉淀物，将清胶汁放入大铜锅内。然后浓缩成老胶，先武火后文火，随时用竹竿在铜锅的周围锅底铲动，以防结焦，煎熬约 10 小时左右。至胶面气泡缓缓冒起，用搅捧（即搅拌用的竹竿）蘸起胶液，垂挂如旗而不掉，即成老胶。最后用铜勺满盛胶汁举起倒下，反复百余次油头翻出胶面，随后出锅，倒入预置的铜质光滑的胶盘内。胶盘必须置放于清洁无尘的房间，并安放平准，使胶液冷却凝固。次日出盘，置于预制专用的切胶凳上，先开成条状，后切成块（每斤约平分 64 块）排列于一尺见方的板上。挨次盖上朱砂印章，然后从板上推入亮眼竹匾内排列整齐，放置通风房间的架上，待晾至半干时翻面再晒。防止过猛的南风，致使胶块外表干而内潮，甚至发生霉点，或收干过快，易成塌顶（胶面高低不平），必须内外干透方可收起。每包 2 斤，放入灰箱贮存 3 年，始可上市销售。在贮藏过程中，要在一定时期内换灰，当干燥季节还需取出矿灰，以免碎块。这样在烊化服用时，胶有香气而无异味。

（2）龟腹板胶：其原料是取龟的腹板（即底面白色的板），去掉连接在上下甲壳之间的支柱，放置缸内烂去腐肉，再用清水漂洗清洁。随后日晒夜露，以除腥味，贮存过夏，有时要存 2 年才开始煎胶。其工序与驴皮胶相同，但因甲板之汁不易煎出，必须水胶煎煮时间较长。煎1天（24小时）后出锅一次，将胶汁贮于缸内，加水再煎2天出锅，与第一次胶汁并合，澄清如法。收成老胶后切块，其块状较大于驴皮胶，干燥成品呈透明色无污点，烊化服用时毫无腥气与异味。在贮藏时间，对矿灰更须注意，如果过分干燥，易致碎裂，反之则要并块。

（3）虎骨胶：此胶的原料纯是老虎的四腿骨，故称四腿虎骨胶。为求其真伪鉴别有据，在购进虎股骨时，必须带毛与爪以资甄别。虎骨的加工，首先是铲除骨上附着的皮肉，为此特雇用专职人员，常年专司此责。用刀斧铲剔附在骨外的皮肉后，锯断成二三寸长，并清除骨髓，漂洗清洁。日晒夜露，干燥藏起，以备煎胶。其煎胶的程序，与驴皮胶相同，先水胶后老胶，但煎水胶日期较长。先煎2天后出锅盛于缸内，随后加水再煎水胶，3天后再出锅。将第一次出锅的水胶澄清过滤后，放入老胶铜锅略为收老，与第二次出锅的水胶澄清过滤后混合，放进铜锅依法收成老胶。然后切块晾干，但其胶块略薄小于驴皮胶（约1/2）。成品干燥收起后，入库上灰箱，贮存3年出售。

（4）鹿角胶：其原料是鹿角，锯断后漂洗清洁待用，其煎胶方法与虎骨胶相同，胶块大小与驴皮胶相仿。

（5）虎骨木瓜酒：这是一种祛风活血的药酒。蔡同德所制售虎骨木瓜酒的配方，虽与同业无差异，但主要原料虎骨胶则由该店自行炮制，其他药材如玉竹亦经特殊加工。因原料道地，工序讲究，制作精细，药酒色香味俱佳，浓醇清冽，芳香馥郁，美如琥珀，甘爽润喉，深受饮家喜爱，不仅为祛风活血的有效药酒，又为馈赠亲友尊长的礼品。此酒盛销于广东，并向南洋各地出口，为当地宴会筵席上之名酒。之后该店又在此基础上，增加重料虎骨酒，精制佳制玫瑰酒、补益杞圆酒、五加皮酒、史国公酒、周公百岁酒等，都深受消费者欢迎，其业务均较好于同业，成为本店特色产品。

（6）洞天长春膏（图50）：这是一种冬令滋补性膏滋，它不偏不腻，男女老幼均宜服用。选取党参、当归、狗脊、陈皮、覆盆子等20余味中草药，精心炮制而成，当时请刘民叔中医师鉴定，自20世纪30年代开始发售以来，其销售数量与年俱增。至于其名称之含“洞天”二字，系

图 50　洞天长春膏
（申报，1939-12-27.）

图 51　蔡同德接方送药的广告
（申报，1939-3-5.）

源于民间传诵所谓“洞天福地”系仙人所居之处而来。其包装纸盒上，一面是鹿鹤寿星注册商标，另一面即纯阳吕仙之画像。“长春”二字既含有仙居之处春常在，又表达长春不老之意，名称上迎合了我国人民的心理，同时能强身开胃，遂成为冬令畅销的滋补佳品。

（7）龙虎丸：此丸治癫狂症有相当功效。其处方来源于台湾道台聂云台，他在用此方治癫狂症中，对信石（即砒霜）的用量反复实验，几经增减，取得一定效果。他在仿单（即说明书）上对处方的用药意义作了具体说明。信石有毒性，因此先用豆腐煮过，并用牛黄以缓解其毒，用巴豆使其毒性过而不留，用朱砂以起镇静作用。此丸在操作过程中必须细心慎重，研磨调匀，制成如绿豆大的小丸（每料粒数有规定），用皮纸包好，每包内贮 5 粒，外用蜡壳封固。龙虎丸行销数十年反映较好，服后虽有吐泻，但属正常现象，并未闻有不良后果（服后忌食猪肉）。此丸系蔡同德最初制销，远道病家都来购买，因此成为特色品种。其后纳入同业公会编订的固有成方，同业均有销售，但销售都不如蔡同德堂。

（8）玉液金丹（蜡壳大蜜丸）：原是固有成方，在同业中均有销售，为妇科调经良药。由于南市三牌楼妇科名医陈筱宝，对妇女月经失调、不育等症常开玉液金丹 10 粒、调经益母丸 4 两，并写明向抛球场后蔡同德药店购买（图 51）。其后嗣陈盘根、陈大年医师因避战乱迁居巨鹿路，开方时仍指定向本店配购，以至其孙陈惠林依然如此，从而使这两种药品为蔡同德的畅销品种。迨本店成立药厂后为方便服用和提高产量，将玉液金丹轧成片剂，调经益母丸改为机制。

5. 与蔡同德堂有关的趣闻

蔡同德药店的药酒为何出名

讲述：姜淑英　女 63 岁　退休工人　初中

记录：胡峰　女 34 岁　里弄干部　初中

1987 年 6 月采录于吉安路街道景安里委

一天，蔡同德堂老板的女儿和嫂子到下海庙去烧香。两人在磕头时，女儿一抬头看到上面的菩萨向她笑一笑。烧香回来以后，女儿就生病，求医也无用。后来请来了一个巫婆一算，说菩萨看中她，是治不好的。过了不久，蔡家的女儿就死了。安葬后，蔡老板就请人做了一个和她女儿面孔一样的塑像，连同陪嫁一起送到下海庙，安放在大殿旁边的侧殿里。另外又布置了一间新房，并请一位老尼姑每日整理房间。老尼姑经常见房间里有两条蛇绞在一起，日子长了，老尼姑也不以为怪。这件事传到老板耳里，老板想这必定是女儿和菩萨的替身。蔡同德药店本来资本不多，面积也不大，有一天雷阵雨时，有一条毒蛇被雷击死后跌在后院的酒缸里，大家都不知道。一天有一位外地来的青年人，身上生满了癞皮疮，向店里求乞。店员们看了这一身疮很可怜他，就从酒缸里舀了一碗酒给他吃，过了两天这青年的癞皮疮竟然痊愈了。

一天，这个青年特地到药店来感谢，老板不知所云，就问青年和店员，方知青年喝酒一事。老板赶忙看缸里的酒，一打开，酒香四溢，再往里一看，一条花蛇在酒缸内浸泡着。老板想到尼姑的怪事，这才知道是女儿报恩了。这件事在城里传开了，从此蔡同德药店的药酒出了名，生意鼎盛，老板发了大财。

以蔡同德堂为背景编写的小说。[最小，1923（99）：10.]

谎

俞千芳

（布景）蔡同德药店

（登场人） 掌柜人甲　配药人乙

（幕开） 掌柜人甲把配好的药，照方一味一味用算盘算着。配药人乙，呆立在柜前。

（甲） 小洋八角六分二。

乙掏出八个角子，六个铜元，向柜上一掷。

（乙）喏!

（甲）还差二个铜钱。

（乙）二个铜钱吗?下次补罢。

（甲）不可能的。这里蔡同德是一文也不能少的。

（乙）哼!现在时世，谁还揣小钱儿，没有便怎样?

（甲）那么铜板找啊。

（乙）铜元也没有。

（甲）角子也好。

（乙）角子也没有，只有钞票。

（甲）好的，那么就是钞票找罢。

（乙）真的连二个钱都不让么。

（甲）自然，谁同你玩。

乙愤愤掏出一个铜元，向柜上一掷，拾了药，也不要找，回头就走，甲目睨其去。

（甲）嚇!（幕徐徐闭）

五、胡庆余堂

“北有同仁堂，南有庆余堂。”其中，庆余堂就是由清末“红顶商人”胡雪岩创办的一家国药号，是近代江浙一带首屈一指的大药号，又被世人称为“江南药王”。这家药号迄今已有140余年的历史，最初设于杭州，后来业务发展，又在上海开了分号，成为近代上海国药业“四大户”之一。

1. 胡庆余堂创始人

图 52　胡雪岩像

胡雪岩（1823—1885 年），本名胡光墉，幼名顺官，字雪岩，出生于安徽绩溪，是中国近代著名的红顶商人，徽商代表人物。胡雪岩（图 52）幼年家贫，13 岁便到浙江杭州钱庄做伙计，由于聪明勤劳，很得东家赏识，学到了很多钱庄生意的秘诀，积累了大量人脉，这成了胡雪岩日后发家的基础。

清咸丰十一年（1861 年），太平军攻杭州时，胡雪岩从上海运军火、粮米接济清军而受到左宗棠赏识，此后，便一直跟随左宗棠，成为他的“钱袋子”。在左宗棠组织“常捷军”、创办福州船政局、新疆平乱时，胡都为左宗棠提供后勤保障，最多时在上海代借外款 5 次，高达 1 195 万两白银，提供军饷、订购军火，并做情报工作，常将上海中外各界重要消息报告左宗棠。巅峰时，胡雪岩官居二品，赏穿黄马褂，成为名震中国的红顶商人。

胡雪岩的成功除了他卓绝的商业才能，更有其政治敏锐性。在左宗棠的支持下，他利用过手的官银在上海筹办私人钱庄，后在全国各地设立了“阜康”钱庄分号，被称为“活财神”。在杭州创立了“胡庆余堂”中药店，制“避瘟丹”“行军散”“八宝丹”供军民之需，药店传承至今，赢得“江南药王”之美誉。曾有费行简《近代名人小传》评价胡“同治间足以操纵江浙商业为外人信服者，光墉一人而已”。左宗棠评其：“胡雪岩，商贾中奇男子也，人虽出于商贾，却有豪侠之慨。”“生逢其时，财色双收，官居二品，商界知名。”

君以此兴，必以此亡。胡靠左宗棠的支持走上事业巅峰，同样的，也因左宗棠的缘故，被卷入朝政倾轧的漩涡中而破产。清光绪九年（1883 年），胡雪岩囤积居奇，收购了大量的生丝，垄断了丝绸价格，但没有想到受到政界、商界、金融界的联合挤兑，资金流被截，生丝滞压，很快阜康银行出现危机，胡氏的产业像多米诺骨牌一样，都受到牵连，各地储户见此情况竞相提款，官商见机敲诈勒索分羹残食。最终，胡雪岩被革职查抄家产，郁郁而终。就这样，一代商业大亨坠落，其商业帝国也被分食殆尽。其中，胡雪岩创立的“胡庆余堂”被满族官员文昱等得到。

2. 胡庆余堂的创立

胡雪岩开办胡庆余堂至今还流传着一个“一怒办堂”的故事。传说胡雪岩的母亲（一说爱妾）突然得了疾病，胡雪岩很是焦急，为了给母亲治病，不惜重金请了杭州最好的医生，经由医生诊断，最后开了一帖药方。胡雪岩派家丁去当时最有名的药店抓药，但令人气愤的是，抓回来的药，有些已经霉变，根本不能服用。胡雪岩非常生气，于是前去讨公道，可是药堂药伙的态度很恶劣，坚决不予退药，反而讽刺说：“胡老板这样有能力，为何不自己开办一家药号呢？”胡雪岩不仅没有换到药，反而白白被药房伙计戏弄，非常气愤，因此他决心自己开办一家真正治病救人的药号，由此便成立了胡庆余堂。

胡雪岩决定在杭州开一个药店，准备找一位懂行的账房先生。经朋友推荐，胡雪岩前后接待过三位老先生。这几位账房先生，个个都称得上精明能干，算盘珠拨得噼啪直响，都说开张后一年能为店里获利多少两。胡雪岩只是笑着点点头，不露声色，然后客客气气地给他们送了丰厚的路资和酬金，婉言辞谢。

一天，来了个余姚人，自称姓余，愿应聘为账房。胡雪岩照样在客厅接待了他，还向他详细介绍了前面三位先生的打算。这位余先生听完后就起身拱手告辞了，胡雪岩很诧异，追问道：“余先生，我还没有请教你的高见呢？”余先生冷冷地说：“你想在短期内就赚钱翻本，我办不到，还是另请高明。”胡雪岩诧异道：“做生意就是为了赚钱，这难道不对吗？”余先生正色道：“急于赚钱和正当赚钱是两码事。急于赚钱的，见钱眼开，只知道拼命地捞；正当赚钱的，就要重视信誉，细水长流。你看，每家药店门口几乎都写有‘道地药材’四个字，这难道是容易办到的吗？”接着，他滔滔不绝地讲出一番道理来：驴皮要囤三年才能熬成上好的胶，女贞子要经过五蒸五晒，红花要隔年采集于西藏，茯苓不是来自云南的苍山洱海不能算上品，麝香要当门子，鹿茸要血尖等。最后，余先生说：“药是治病救命的，所以贵到犀角，贱到通草，都必须精选细挑，不能马虎。不在质量上胜过他家，又怎么能打响牌子？再说，开药店总得图个百年大计。归根结底一句话，你要请我做账房，就要准备先蚀三年本，才能慢慢盈利。”胡雪岩听了这番话，觉得句句在理，心服口服，就聘请了余先生为账房。

当然，胡雪岩作为一个商界传奇，不可能因“一怒”而办堂，亦不会因一位账房先生的几句话，就开办一家国药号。据史料记载，胡雪岩开办药号之前，是有制药经验和行医经历的，并且看到医药行业在乱世的前景，慎重而行的。

清末时，经过太平天国多年的战事，江南一带瘟疫横行，胡雪岩受命邀江浙名医研制出胡氏辟瘟丹、诸葛行军散、八宝红灵丹等药品寄交曾国藩、左宗棠军营及灾区陕、甘、豫、晋各省藩署，用于避瘟防疫。这些药的疗效很好，外地有不少人前来求购。这样，一向有商业头脑的胡雪岩，便决定自己开一家药店。而一旦要开，就要让它成为江南最大、最好的药店。于是，1874 年，胡雪岩在杭州吴山大井巷创办了胡庆余堂，聘请松江余天成药号经理余修初负责筹建。光绪二年（1876 年），又在涌金门建成制胶厂，光绪四年（1878 年）大井巷店面落成，正式营业，翁宝珊任第一任经理。

胡庆余堂是以宋代《太平惠民和济局方》为基础，收集各种古方、验方和秘方，并结合临床实践经验，精心调制，丸、散、膏、丹、胶、露、油、药酒方等 400 多种，著有专书《胡庆余堂雪记丸散全集》传世。例如：牛黄清心丸、十全大补丸、补中益气丸、石斛夜光丸、人参再造丸、安宫牛黄丸、胡氏避瘟丹、龙虎丸、诸葛行军散、《局方》紫雪丹等传统名药（图 53）。

图53 胡庆余堂药材招牌

3. 胡庆余堂的发展

光绪九年（1883年），胡雪岩与洋商在做蚕丝生意上竞争失败，据《杭州府志》记载，胡光墉于“光绪九年以业丝为西商所持，大折阅，所营商业皆败”。在北京、上海、杭州、宁波、福州、镇江及湖北、湖南等地的阜康银号全部倒闭，宣告破产。“杭州知府督同仁和、钱塘两县亲诣（胡家）查封，见……所住之屋，租自朱姓，逐细查点，仅有桌椅箱橱各项木器，并无银钱细软贵重之物，讯据该家属胡乃钧等供称，所有家产，前已变抵公私各款，现今人亡财尽，无产可封”。光绪十年（1884年），胡庆余堂被抵给清皇族刑部尚书文煜。文煜接管后，聘张筱浦、许奎圃为驻店代表，王文联为经理，店名和机构均照旧不变。一直到1899年，文、胡两家订了一张契约。全文如下：

立合同□据胡庆余堂药号，今□得本堂于光绪二年开设杭省大井巷地方，原系胡雪岩先生建造房屋，创立胡庆余堂雪记药业，生意兴旺，四远驰名，诚为上等不朽之基。嗣因文氏与胡氏有存款交涉，而胡氏于光绪九年间业丝大亏，一时周转不及，凭中即将胡庆余堂雪记药业连同房屋生财全数替与文府和记为业，以清款项。当文氏接项时，仍以胡庆余堂雪记开张，胡雪记三字连在牌字（子）之上，声名久著，虽穷乡僻壤，无人不知，有关生意出入。经当时公同酌□于庆余堂红股一百八十股内提出八分润胡氏昔年创业之劳，以故文氏接开至今，日增月盛，今因胡氏邀同原中，将雪岩先生前戳元宝街老屋全所，另立杜绝卖契归文府管业，以抵前项。三面议定，又加胡氏红股十股，连前八股，共计十八股，并立支□一扣，每年预交余利洋二千四百元，以资胡氏家用，余俟三年分红，再按股均派。所有胡氏前立戳据红票等件，眼同掣销外，尚少红票，倘日后检出作为废纸，从此各款全清，毫无纠葛。是系两相允洽，各无异言。以后不增不减，永为定例，相与庆余堂历垂不朽，恐后无凭，立此合同□单一式二纸，永远存照。

允议：志静轩　胡绒三　胡品三

见议：张筱浦　许奎圃　范毓峰　王文联　陈松溪

代字：邵春圃

光绪二十五年正月

1911 年辛亥革命后，浙江省军政府没收了满族官僚在浙江的财产，胡庆余堂被没收，登报拍卖，胡庆余堂信誉很好，投标的人很多，该号高级职员陈楚香（楚湘）之妻在代东许奎圃家了解到企业实际情况和最低标价（二十万元）之后，陈就进行活动，集结了以施凤翔为首的鸦片商人及少数丝商和银钱业资本家，由施凤翔、应崇椿出面，贿通财政部门以 200 100 元得标，与军政府财政部订立了合同，原文如下：

省城胡庆余堂药铺，查系旗员资本。光复后军政府没收，嗣由军政府议决将庆余堂资本财产贬价登报招人投标，即以所得之款作为解散满营支配谋生基本金之用。投标数目自二十万银元以上为合格，惟该堂存款概归受主自行理涉等因。兹由商人代表应崇椿等遵于限内招标认交银二十万另一百元，在财政部开柜得标，庆余堂药铺应归商人代表应崇椿等交银管业。所有双方议定交款数目，期限及关于营业手续事开列于左：

第一条　庆余堂药铺顶价银二十万另一百元，财政部因念商艰，批准分为三期，用期票一同解交：计第一期旧历十二月初一日票洋五万元；第二期十二月十七日票洋五万另一百元；第三期壬子年二月终票洋十万元。

第二条　以上各期票如果出具期票之银行钱庄届期有不能付现或另有事故等情，该款项仍应责成投标代表应崇椿等按期另备现钱如数解部，以重公款。

第三条　以上各期票到期现银，如需出贴现等费，应由代表应崇椿等找付，财政部不认贴水。

第四条　庆余堂药铺全号之房屋契串及胡姓所立推据，均在满人文姓处，并文姓派来总管许陈张三人恩股经□，一律作废，由财政部给发变业执照一纸，并填明嗣后无论何人永远不准图□图找。

第五条　每次拆账，向给胡庆余堂雪记招牌红股十八股，仍照旧章不增不减，归胡氏承受。

第六条　庆余堂存欠款项，应查照报载投标说明书还存追欠，悉归应崇椿等自行理涉。

第七条　此合同签字之后，双方不得异议。

第八条　此合同并无添注涂改，计粘补（银备期）三字。

中华民国元年元月□日立合同　浙江军政府财政部　庆余堂投标商人代表应崇椿　居间顾竹溪　潘子杰

此次投标是由施载春等十三人共同合资竞标（表3）。

表3　胡庆余堂合资竞标名单

姓　名	股　份	出　身　简　历
施载春	30.5	杭州厚余土行（鸦片批发商）经理兼股东
陈庆成	11.5	杭州配昌土栈（鸦片零售商）经理兼股东
王莲舫	8.5	开设森益土行及恭乙土行
俞骏森	7.5	恭乙土行经理
徐祖沅	18	杭州瑞云公记绸庄业主徐法益之子
顾竹溪	9	杭州商务总会总办
高志清	7.5	杭州元昌钱庄经理高培卿之子
黄子华	5	即高子华，高志青之兄弟，系以外祖母姓出面
潘明之	2.5	在元昌钱庄任职，系高培卿学生
楼映斋	6	萧山通惠公纱厂经理
王晓籁	7	上海合义和丝号经理，后为上海商会会长
陈楚香	5	胡庆余堂高级职员
毛浩甄	2	杭州庆和钱庄经理

施凤翔等13人，多数对药业是外行。之所以愿意投资，主要是胡庆余堂财产超过投资数很多倍，同时营业好、利润大，官利、红利均有保证。

在具体业务部门，施等接办后，共分了 11 个部门：

（1）饮片部：接方配药，兼售珍贵的细货药材。

（2）参燕部：专售参、燕、银耳、鹿茸、山漆等药品。

（3）切药部：精洗药材，切制一切饮片。

（4）丸散部：发售各种丸散膏丹、痧药、花露、香油、药酒、诸胶。

（5）拣选部：拣选优级药材，精心拣剔。

（6）炮制部：根据历代本草成法，用古法炮制饮片。

（7）细货部：管理各种珍贵细货药材。

（8）储胶部：管理诸胶，储存三年始行发售。

（9）配制部：配制各种大料丸散，豢养关鹿，以供配丸之用。

（10）细料部：修合各种细料丸散。

（11）邮寄部：办理外埠邮购业务，代为打包寄递。

除此，另设胶厂，专在春夏漂洗原料，冬季煎制各种胶类；又有仓库 1 所，管理存储药材；尚设有总务机构，办理一切事务。

民国十年（1921 年），施凤翔在上海做黄金生意破产，将自己在胡庆余堂的股权出让给徐斌和郭玉堂两人，由此胡庆余堂进行了第三次改组。民国 28 年（1939 年），上海分店与苏州胡庆余堂正式分开，独立经营，由高志文任经理。

从抗日战争到 1949 年前，战争频繁，各业凋敝，物价狂跳，胡庆余堂受到很大影响，营业大为缩小，而业务开支及官息利润支出却不可少，所以到 1949 年前夕，胡庆余堂已经奄奄一息了。

曾经有“胡庆余堂”诗：

雨涤江南柳巷深，当年故事任浮沉。
斑斓旧壁染红叶，儒雅孤桐鸣古心。
秘散珍膏苦如胆，民忧国恨锐犹针。
与君坐饮庭中月，忽起秋风冷不禁。

4. 杭州的胡庆余堂

清同治十三年（1874 年），胡雪岩选址杭州清河坊，这里自古就是杭

图 54　杭州胡庆余堂国药号外景

州繁华的地段。自南宋开始，商铺林立、酒楼茶肆鳞次栉比，历经元、明、清及民国直至 1949 年，都是杭城商贾云集之地。这里汇聚了一大批杭州的百年老店，如王星记、张小泉、胡庆余堂、方回春堂、叶种德堂、保和堂、状元馆、王润兴、义源金店、景阳观、羊汤饭店等。胡庆余堂背靠吴山，右倚鼓楼，前临最热闹的清河坊，而吴山上下，香烟缭绕，百戏杂陈，善男信女，医卜星相，江湖卖解，汇聚于此；从浙东、浙西、苏皖来的香客游人商贩，到杭州必到吴山。可见在药店选址上，胡雪岩是非常慎重的，选在了商业成熟、人流集中的繁华地段（图 54）。

胡庆余堂（图 55～图 57）占地近 10 亩，有三进院落。头进为门厅，二进为营业店铺，三进为制药工场和库房。二三进之间以封护墙相隔，以长生弄相通。店铺和场舍整体如一只仙鹤。门厅墙高十余米，有如鹤首高昂；门后的长廊是“鹤颈”；长廊尽头有临波曲桥，穿过石桥就到了

图 55　胡庆余堂后花园玉峰楼

图 56　胡庆余堂芝园

宽敞的营业大厅，即为鹤身。二进的房舍富有江南庭院特色，垂花门莲开朵朵，檐下有斗拱，大厅及左右厢房都建有檐廊，廊下围以雕花栏板，门额和梁枋雕龙刻凤，隔扇门窗的木刻精美异常。整个大厅朱漆飞金，富丽堂皇。据称当时胡庆余堂耗资30万两，有些木料还是慈禧赏赐颐和园的剩余木料，如铁超、银杏、香樟等上等木料。

图57　胡庆余堂内院

胡庆余堂大厅两旁分立红木柜台，左侧为配方柜，右侧为成药柜。柜台后面满壁是“百眼橱”，色泽不同的瓷瓶，熠熠发光的锡罐，存放药材的格斗，中药特有的香味，弥漫在神秘而又高雅的氛围里。庆余堂的风火墙长62米，高10米；在靠近河坊街的一座粉墙上，书写着高5米、宽4米的“胡庆余堂国药号”7个楷体大字，显得气势非凡。在内堂里，还挂着一些藏头藏尾“庆余”的对联，如“益寿引年，长生集庆；兼收并蓄，待用有余”“庆云在霄，甘露披野；余粮访禹，本草师农”等。在曲折朱漆回廊，栏杆外栽有名花异卉，廊壁悬有红木板联，刻有名家书法，一看内容却是丸散膏丹药名及其药性，变俗为雅，令人驻足细赏。

5. 上海的胡庆余堂

上海胡庆余堂（图58、图59）开办是有原因的。当时辛亥革命以后，浙江军政府将胡庆余堂作为清朝满族大员文煜的资产没收拍卖，由施凤翔等拍得。袁世凯当了总统后，宣布“凡属满人财产，应予发还”，文氏族人就聘请律师平政院起诉，施凤祥等害怕事情有变，就将堂中的名贵细料偷运到上海，并开设了上海分号，以规避风险。最初，上海胡庆余堂并不开在北京路上，而是一间不起眼的店面，以作过度。袁世凯

图 58　上海药号营业部大堂

图 59　胡庆余堂上海药号（北京东路 664 号）

倒台，施与文打官司，施等补偿了一部分钱物，将胡庆余堂彻底从文家买断。胡庆余堂的诸多股东看准上海的商业潜力，决定将上海的分号作大，于是重新选址筹建，才有了上海北京路的胡庆余堂雪记。

上海的胡庆余堂亦是由施凤翔主管筹建的。当时，施凤翔在上海兼营房地产投机，趁机将北京路私有地皮 5 亩，以每亩 16 500 元的高价卖给胡庆余堂。房屋造价 48 800 元，两项共计 13 万元左右。至 1916 年，这一模仿杭州胡庆余宫城店铺格式的宏伟店屋落成了，于是年旧历九月二十八日正式营业。开业之初，施凤翔等诸股东遍邀江浙沪名流，大发广告宣传，凭借杭州胡庆余堂的名号，一炮而响，第一天营业额就高达三万八千余元，盛况空前。

由于在生财、布置和广告各项费用花费甚巨，上海分号初办时没有盈余，职工所分红利均由杭州总号拨来。两三年后，上海分号营业日益开展，盈余逐年增加，与杭州总号不相上下，不久就超过了总号，成为上海国药业“四大户”之一。在 1939 年，上海和杭州的胡庆余堂彻底分开，上海胡庆余堂独立经营，一直到 1949 年后，归为国有。

6. 胡庆余堂的经营理念

在胡庆余堂大门的门楼上有“是乃仁术”四个大字（图 60），是胡雪岩亲笔所题，出自《孟子·梁惠王上》。“仁术”一直被医药行业作为行业标准奉为圭臬，胡雪岩将之题于门楼，就是警示经营者，胡庆余堂作为一个药号，首先是治病救人的仁义之举，不能唯利是图，与其他行业逐利之不同，事关人命，必须慎之又慎。正如前面胡雪岩招聘账房先生的趣闻里余先生所说：“药是治病救命的，所以贵到犀角，贱到通草，都必须精选细挑，不能马虎。”

图 60　胡庆余堂

胡庆余堂还挂有两块牌子，也是胡雪岩亲自题写的，朝外面挂着“真不二价”向买家展示，朝内挂“戒欺”匾额，对药伙警示。

戒欺

胡庆余堂崇尚戒欺经营，著名的“戒欺”匾额（图 61）系胡雪岩于清光绪四年（1878 年）亲笔所写之店训，它告诫属下：“凡百贸易均着不得欺字，药业关系性命，尤为万不可欺。余存心济世，誓不以劣品弋取厚利。惟愿诸君心余之心，采办务真，修制务精，不至欺予以欺世人，是则造福冥冥，谓诸君之善为余谋为可，谓诸君之善自为谋也亦可。”戒欺的理念，涵盖了方方面面，反映在经营上，首推的是“真不二价”，即做生意要讲诚信，老少无欺，贫富无欺，不能有丝毫掺假，“采办务

图 61　“戒欺”匾额

真，修制务精”。胡庆余堂几经易主，但是“戒欺”的匾额和精神一直没有改变，这也是“江南药王”饮誉140余年的立业之本。

真不二价

胡庆余堂制药遵守祖训：“采办务真，修制务精”，所生产药品的质量上乘，饮片道地，货真价实。“真不二价”（图62）的匾额被挂在营业厅柜台上方，面向患者，以示药材地道，不讲二价。而胡庆余堂自开办以来，也的确做到了童叟无欺，真不二价的承诺。

胡庆余堂自胡雪岩之初即定下了“戒欺”“真不二价”的店规，不论经营者、东家怎么变换，这个店规一直被传承至今。所采办的原药材，不通过药材行，而是在产地自设坐庄，选派得力里手，亲赴产地收购，或隔年贷款提供给药农预先周转，人自乐于先以上品献之。所用驴皮原料至山东、河北采办；山药、生地、牛膝必用河南淮庆；当归、党参、黄芪采自甘肃、山西；至云贵川收麝香、川贝；从东北各地进人参、虎骨、鹿茸；向洋行直接订购乳香、豆蔻、犀角、西黄、西洋参等（图63）。

利用各种形式，大做广告。在《申报》或其他期刊上大登广告，使穷乡僻壤，边远地区都能看到，并提供邮寄服务，使客户群不只局限于沪杭一带。编印《胡庆余堂雪记丸散全集》分送各界，并将研制成的胡氏辟瘟丹、诸葛行军散成药，由穿号衣（广告衫）组成的锣鼓队在各水

图62 “真不二价”匾额

图63 药工翻晒药材

陆码头赠送宣传。除了这些常规广告外，胡庆余堂也会炒一些奇闻。比如曾经有浙江诸暨一个黄家湖村，地处山区，峰峦迭起，人迹罕至，平日间相传有巨虎出现。有位黄姓村民和邻居张某去山中捕猎，发现一只巨虎，黄某、张某见状，齐举猎枪，猎得这只巨虎。最后，两人将巨虎运到杭州贩卖，被胡庆余堂药店听说了，以大洋一千三百元买走。胡庆余堂买到后将巨虎陈列于药号中，收购巨虎的消息被胡庆余堂大肆传扬，甚至在《申报》上登报，沪杭闻者甚众，一时来参观者络绎不绝，而胡庆余堂的虎骨膏更是大受欢迎，抢购一空。

资金雄厚，背景强大。不论是创始人胡雪岩还是后来的文煜、施凤祥等，都是近代沪杭一带的风云人物，他们拥有雄厚的资本，可以支持庆余堂的正常运营，并利用人脉关系，直接到原材料产地进货，降低生产成本。例如抗战期间，由于交通中断，山东河北的驴皮运送不出，致使价格非常便宜，而沪杭一带多有食胶的传统，价格奇高。鉴于此，股东们就利用人脉关系，派员工到山东等地购买原材料，运送到店里加工成阿胶膏，中间价格就是数十倍之多（图 64）。

图 64　制胶工场

曾有胡庆余堂的老药工这样回忆胡庆余堂的制药情况：

我在胡庆余堂一直是在大料间做，大料间就是负责炮制中药的场所。告诉你，中药炮制的学问深得嘞。我因为是负责人，技术精通过硬，所以敢说我们胡庆余堂的膏方跟人家是两样的，为什么？因为我们有自己的专门配方。

我们的这些秘诀是哪里来的呢？这还要说到老板胡雪岩呢。据传当年按他亲拟的“采办务真，修制务精”的堂规，胡庆余堂邀请过许多天下名医，慢慢地这些名医就把自己的验方、偏方和秘方都留在了胡庆余堂。比如，像庆余大补膏、人参养心膏等这些膏滋药，当年都风行一时，是江南各地顾客冬令进补的首选补品。民国时期，时局混乱，货币贬值，那年代和抢购杭州城里百货店里的东西一样，老百姓拉倒地抢购胡庆余堂的膏滋药。我们那辰光煎膏一年到头是没得空的，冬天煎荤膏，平时煎素膏。枇杷上市了就煎枇杷膏，梨儿熟了要煎雪梨膏……要说起来，胡庆余堂的驴皮膏顶有名了，那煎出来的驴皮膏放在太阳底下怎么看都是透明的，而河南产的却是黑的。记得有一年，胡庆余堂一口气进了13万张驴皮。13万张啊！多大的量。当时，用自己的工人去皮都来不及，厂里只好到河南去请师傅来帮忙。

龟板胶煎的数量也是很大的。把涌金门那五间大仓库全部都塞满了。龟板也不是一般的龟板，都是血板（即带血的生乌龟的龟板）。专门从汉口那一带收来的（据说长江沿线的那些溪流里，乌龟多得不得了，当然全部都是野生的）。我们先把血板放在大缸里漂上7天，拿起来晒后再漂，重新晒干，最后才收进仓库里，制药时再取出来用。煎龟板的辰光，下面是一只大铁锅，上面是一只很高的桶，锅与桶之间是扣牢的，不会漏水。清水、龟板倒进去要连续煎两日两夜，火要越旺越好，两日两夜煎下来，满满一桶药汁就只剩下一两成了，龟板变成了粉末末，摸上去喷松喷酥的。

煎膏时间最长要数煎虎骨膏，一般要5日5夜。虎骨膏怎么个煎法呢？胡庆余堂进的虎骨，头骨、肋骨这些都不要的，就只要老虎四条腿的腿骨，一年要进三四千斤。那辰光这样的进量根本不稀奇。进来的虎骨，脚爪都是带毛的，先要专门有人负责剔除干净，剔下来的老虎筋，有规定不用上交了，所以草药分一点，伙房分一点，剔的人自己拿一点。虎骨膏煎好后有啥用呢？浸木瓜酒等，就是愈风膏里面也要放些虎骨膏。

门市部拿来煎膏方的草药，我们先把它放在清水里浸一天一夜，煎之前用两层的丝绵加100目的筛子（一种网眼很细的筛子）炼过，并过滤一下，这样泥沙就滤掉了。再把草药连同汁水煎三道，连煎2～3个钟头，煎到后来还要用特制的木棍不停地掏，我们叫作“瞎子棒”，主要是防止锅底结块。煎到三分之二的水分都跑掉，药汁冒小气泡了，改用文火，再煎到冒大泡，“瞎子棒”拎起来棒子上面挂满了药汁（我们叫“串旗”），到这个时候清膏就算煎好了，然后把蜜糖加进去“收膏”。天热，膏要煎得老一点；天冷，膏要煎得嫩一点，这样病人服起来口感才好。

六、京都达仁堂

京都达仁堂是由乐达仁开设的一家老药号。乐达仁为北京同仁堂第十二代子孙，因受族规“同仁堂不设分号”的限制，便自己开设了“乐家老铺”京都达仁堂药号。乐达仁最先在北京、上海开设了达仁堂，但经营不乐观，便北上天津，在估衣街开了达仁堂，一举成功。乐达仁以现代理念经营达仁堂，很快便成了闻名北方的大药号，甚至超过了老号同仁堂。从1917年起，达仁堂先后在青岛、福州、长沙、西安、大连、郑州、开封、香港等18个城市，开设分号，销售饮片、成药1 000余种，畅销海内外，成为优秀的民族品牌。

1. 京都达仁堂的创始人

图65　乐达仁

乐达仁（图65、图66），是京都达仁堂的创始人。他祖籍浙江宁波慈溪，是北京同仁堂乐氏家族第十二代子孙，出生于清光绪二年（1877年），卒于民国二十三年（1934年），享年58岁。乐达仁出生时，他的爷爷乐平泉仍在世，同仁堂正处于鼎盛时期。乐平泉生有四个儿子，即乐氏第十一代乐孟繁、乐仲繁、乐叔繁、乐季繁，后人分别称大房、二房、三房、四房。乐达仁是四房乐季繁的长子，在乐氏第十二代子孙中，排行第七。乐达仁有三个弟弟，大弟叫达义，二弟叫达明，三弟叫达德。

乐达仁是一个非常开明、有前瞻眼光的国药业奇才。他出生于“同仁堂”这个有200多年历史的传统国药世家中，从小耳濡目染，接受传统教育和专业培养，对中药行业从原料、炮制、配方、制剂等方面都了

图66　乐达仁全家福
乐达仁（后排右一）、妻子（前排右一）和孩子们，约摄于1933年

如指掌。及长，留学英国。光绪二十三年（1897年），又以驻德国及荷兰大臣吕海寰随员的身份，赴欧洲游历长达4年，接受西方教育和思想，见识了现代资本下的商业经营模式。在近代中国，这种中西合璧的教育奠定了乐达仁成功的基础，在创办“京都达仁堂”时，他就放弃了传统的家店合一、前店后厂的药店模式，借鉴了现代商业管理模式，利用机械动力，向银行借贷等方式扩大经营，提高生产率，使传统的国药店成功转型，适应社会发展，这是达仁堂能成功的根本原因之一。

乐达仁在培养后辈和员工方面也是坚持中西融合的。除了接受传统的儒家教育，掌握家族业务外，他还要求子侄和年轻职工都要学习英语，以便了解世界大势和西方医药的最新发展。如他的侄子乐肇基（1902—1966年），曾在天津新学书院读小学和中学，1921年入上海沪江大学，同年秋天回到天津。乐达仁认为改进中药离不开化学，就让乐肇基进入南开大学化学系，系统学习化学，1924年毕业后，接任达仁堂副经理。

乐达仁真诚报国，关心教育事业。1921年，他聘请著名教育家马千里创办达仁女校，并担任校长，聘请邓颖超、李毅韬及马千里夫人张冠时为教员，该校突出爱国主义教育，在社会上享有崇高的声誉。1934年7月10日，乐达仁在天津特一区台湾路13号寓所病逝，其灵柩运回原籍北京，葬在北京海淀董四墓村。

2. 北京“同仁堂”与“乐家老铺”

明永乐年间，乐氏先祖乐良才举家迁往北京，以走街串巷，行医卖

图 67　早期同仁堂药铺
1925 年北京同仁堂那昏暗不起眼的建筑，始建于 1900 年，是 20 世纪早期同仁堂的药铺［K. K. Chen. Chinese Drug Stores. Annals of Medical History，1925，7（2）：104.］

药为生。此后，乐氏一族以医为业，到了乐氏第四代乐显扬时，成了太医院吏目。乐显扬在太医院任职时收集了大量的宫廷秘方和不传世的医书、方书，于康熙八年（1669 年）创立了同仁堂。“同仁”之名就是乐显扬命名的，认为“同仁二字可以命堂名，吾喜其公而雅，需志之”。清康熙四十一年（1702 年），乐凤鸣将同仁堂迁至前门大栅栏路南（图 67），在祖辈留下的宫廷秘方、民间验方、祖传秘方基础上总结前人制药经验，完成了《乐氏世代祖传丸散膏丹下料配方》一书，该书序言明确提出“炮制虽繁必不敢省人工，品味虽贵必不敢减物力”的训条，这也成为历代同仁堂人的制药原则，亦是后代“乐家老铺”诸店的制药原则。清雍正元年（1723 年），由皇帝钦定，同仁堂供奉清宫御药房用药，独办官药，历经八代皇帝 188 年之久。

经过乐氏数代经营，同仁堂成了清代最大的私营药铺之一，被誉为“大清药王”。到了第十代乐平泉时，达到了鼎盛时期。在同仁堂经营的一百多年间，因为用药地道，疗效显著，市面上出现了仿冒假货，于是乐氏族规规定，“同仁堂”只此一家，不设分号。这个规定虽然有效地保证了同仁堂的品质和名誉，但同样限制了发展，为后来各房另立门户和同仁堂的衰落埋下了引子。

1907 年，乐平泉的妻子许氏去世，同仁堂就由四个儿子共同管理，所谓“共管”，实际形同虚设，二房以同仁堂名义买进吉林参，卖的钱归

图 68 “乐家老铺”匾额

入私房，引起诸房不满。三房从同仁堂公账中提出九万元，存入本房私账，事情败露以后，被诸房群起而攻。另外，因有“同仁堂不设分号”这一族规，限制了子孙后辈的发展，四房之间的矛盾越来越深，同仁堂渐渐日微。最后，经过家族开会，规定各房子孙可以打着“乐家老铺”的旗号，另取铺号经营中药业，但不得用“同仁堂”的名号。于是，四房各自开了“乐家老铺”（图 68）药号，如大房开的“乐仁堂”“宏仁堂”、二房的“永仁堂”“怀仁堂”“沛仁堂”、三房的“继仁堂”“宏济堂”“乐舜记”、四房的“达仁堂”等。直到 1928 年，大房用同仁堂的资金和药材，在南京开办了一个“同仁堂”，因违反族规，代表大房行使管理权的乐佑申被其他三房赶下台。

尽管各大房都可以开“乐家老铺”药号，但所开分号也是钩心斗角，如一场豪门闹剧。例如四房在天津估衣街开设达仁堂，大房就在马路对面开设乐仁堂；四房在上海南京路开设达仁堂，大房就在马路对面开设宏仁堂，与其唱对台戏。“乐家老铺”各药号热热闹闹、轰轰烈烈地唱着，发展越来越好，而老药铺同仁堂则因经营不善越来越衰落，接受各药号的调货艰难度日。三十多号“乐家老铺”遍及天津、上海、长春、西安、长沙、福州、香港等地，进一步扩大了北京大栅栏同仁堂在国内外的影响，从此北京同仁堂的后裔就在全国开花结果了，其中达仁堂、南京同仁堂都成了百年老店和中华老字号。

3. 京都达仁堂的创立

自从同仁堂同意各房子孙可以用“乐家老铺”开设分号以后，四房子孙乐达仁四兄弟就在民国元年（1912 年）创办了“京都达仁堂乐家老药铺”，店铺设在北京大栅栏街 55 号，离同仁堂老药铺不远。乐达仁知道，在北京同仁堂眼皮底下办药店，卖与北京同仁堂一样的药，是没有出路的。于是，他瞄准了当时开埠不久的上海，认为上海商业环境优良，人口剧增，中西思想交汇，是江南经济的中心，在这里开设药店，必定能成功。于是自带五千两银子（一说四万两），从同仁堂挑选了精通业务、管理有方的阮孝康、孙华亭等，去上海开设了京都达仁堂，由此可见，乐达仁的商业嗅觉是非常灵敏的。

上海京都达仁堂开设于1913年3月19日，在英租界英大马路抛球场南首129号（今南京东路、河南路口）。开业前夕，乐达仁即在《申报》上登了开业启示。

按当初乐达仁的计划，上海的达仁堂是要发展成总店的，但是上海的经营并不十分理想，经过反复思考总结，他认为营业不振主要是因为长江一带没有联号呼应，“同仁堂”“乐家老铺”等名号在上海并没有像北方那么出名。另外，当时局势不稳，南北交通运输不便，且服药习惯不同，这些内外因素影响了达仁堂的业绩。于是，乐达仁便决定北上，选择了离北京很近的另一重镇——天津。

1914年5月22日，乐达仁在天津估衣街开设了分号“京都达仁堂乐家老铺”。清末民初的估衣街，是天津最繁华的商业街，汇聚了当时最有名的老铺，如瑞蚨祥绸布庄、同升和鞋店、胡开文笔墨店等，而且北京同仁堂在天津很有声望，很多天津人特地赶到北京同仁堂买药。当时，达仁堂店面高挂“达仁堂”横匾，两旁挂“严选川广云贵地道药材”“蜜制丸散膏丹汤剂饮片”冲天竖版，堂内悬挂“乐家老铺”牌号。三四米长的柜台上，放独具特色的长龙算盘。开业之日，搭彩棚，放鞭炮，唱堂会，热闹非凡。第一天营业就收入80块现大洋，一炮打响，自此达仁堂就在天津扎根，越来越兴盛。乐达仁感慨万千，认为天津是块福地，就把达仁堂总部设在了天津。总店始建于1914年，从一个街区延伸到另一个街区（如街道总平面图69所示）。第一重门打开后可以直通第二重门并一直通到门市部。从1917年起，先后在青岛、福州、长沙、西安、大连、郑州、开封、香港等18个城市，开设分号，销售饮片、成药1 000余种，不仅畅销国内，还出口到东南亚。

据曾任北京市副市长的乐氏后裔乐松生先生回忆，同仁堂和乐家老

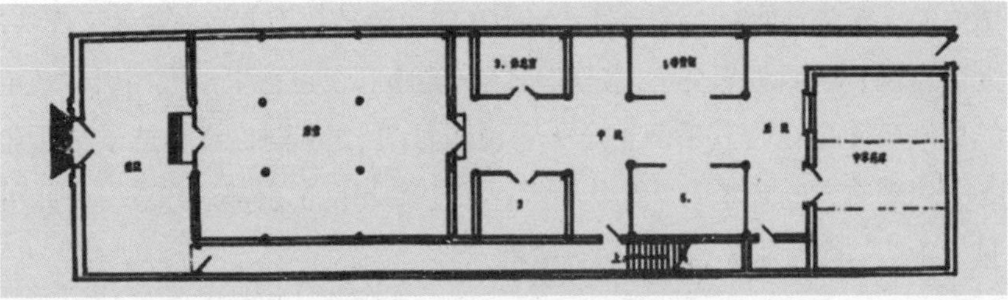

图 69　天津达仁堂总店建筑图

铺各药号曾经这样说：“记得 1948 年年终时，我们发给职工每人两块银元，才勉强渡过了难关。解放前夕，同仁堂已到了外强中干的地步了……乐达仁精明能干，又在国外留学时吸收了一些西方文化。因此，达仁堂在经营方式上，要比古老的同仁堂进步得多……老四房的营业最为发达，大房的乐仁堂、二房的沛仁堂、三房的继仁堂，都无法与四房的达仁堂相比。”

4. 京都达仁堂崛起的原因

锐意改革、与时俱进

达仁堂能在天津成功（图 70），不仅占据了天时、地利、人和的条件，在经营管理上也是紧随时代的步伐。它放弃了中国传统药店前店后场、店家合一的作坊模式，而是借鉴西方的工厂化、机械化、规模化的路子。乐达仁在天津中山路选了一块地，盖了达仁堂制药厂，建有生产大楼和仓库大楼，用电动碾代替牲口石碾，用印刷机代替木刻印制仿单，用冷冻机代替天然冰块冷藏药品，

图 70　天津达仁堂

内部机构完整，设有轧药处、熬药处、蜡球胎皮处、裹药处、切药处、印刷处和管理处，生产中药饮片、丸散膏丹和药胶药酒等。除了药厂，达仁堂还建了自己的养鹿场、蜂场、参行、钢厂等。为确保鹿茸供应，在北京、天津自办鹿囿 7 处（图 71），圈养关东良种花马鹿 700 余头。为采购上等人参，拨专款开设“达仁参号”，延聘内行名手，经营吉林老山人参。达仁堂还自设蜂场，采集优质蜂蜜。据说，在当时传统的祁州（今河北省安国县）庙会中药材交易市场上，达仁堂的人员不到，人参、鹿茸两项贵重中药不能开盘成交。达仁堂从原材料就开始控制，这样降低了成本，保证了药材质量，又完善了产业链，致使达仁堂的业务迅速膨胀，有了中国“蜜丸王”之称，成为当时天津的商业巨擘。

图 71　天津达仁堂药店鹿囿
［天津商报画刊，1936（12）.］

1934 年，乐达仁病故，他的侄子乐肇基接任达仁堂经理。他们继续在达仁堂引进西方科学技术，在药品质量和制药工艺方面均有改进。1939 年日寇入侵，达仁堂总分店所在地相继沦陷，业务衰落。抗战胜利后，在通货膨胀和苛捐杂税的重压下，经营困难。达仁堂采取了“囤积不倒把，借债不存钱”的措施，营业收入除用于日常开支外，尽量购买原料药材，尤其是贵重药材如犀角、牛黄、羚羊角之类，只供配制成药，决不倒卖图利。同时从银行大量贷款购货，从而保住了企业。

秉承祖训、虔心制药

乐达仁特别重视药品质量，“选料纯正，炮炙严谨，工艺精良，货真价实”，药材均选用道地药材，专门聘请了精巧的南方刀工，汤剂中所需药引子、包煎的药所需纱布，药店都预先准备好，与汤剂一同出售。每剂汤药抓好后，由售货员、检查员分别盖章，以示慎重。

“达仁堂”之名，本来源于乐达仁之意，“达则兼善世多寿，仁者爱人春可回”，“达则兼善”取自《孟子·尽心上》“达则兼善天下”“仁者爱人”语出《孟子·离娄下》。这种济世救人的思想，正是凝聚了几千年中国儒医医德之精华，而达仁堂作为传承了数百年之久的同仁堂的后裔，这种“达则兼善”“仁者爱人”的思想必定是融于血脉，永不能磨灭。正如李燕钰在《传承百年融汇古今——达仁堂的传承和发展》中总结的：

【达仁善仁心为仁】创号人乐达仁先生说：“达仁也者，通晓仁学之谓也，余既有达仁之名，当更有达仁之实。”孟子曰：“以善养人，能服天下。”达仁堂人“以仁为善”，以仁的思想创造美好，“晓仁学”“怀仁心”。

【达祖训仁行为仁】“选料不惜重价必求其精，炮制不惮繁难必合乎法”，是达仁堂百年恒定坚守的祖训，为百姓献良药是达仁堂仁行的根本。每一批药材，每一道工序，每一个动作，每一次服务，每一丝细节，都必须以最高的标准去执行。达仁堂人“以仁为行”，就是要高标准地执行，高水平地执行，高品质地执行，高责任感地执行。

【达堂誉仁举为仁】“达则兼善世多寿，仁者爱人春可回”。百年来，达仁堂人坚持把维系人类健康，提高生命质量作为已任，在达仁堂人眼中，唯有“世多寿”，唯有“春可回”，才是真正的“善举”“大举”。

【达地道仁风为仁】“只求药料真实，不惜重资”。从乐达仁先生创号以来到今天，只选地道药材，是达仁堂人坚持的第一原则，任何事情都要创新，唯有地道不能改变；任何事情都可商量，药材品质不能商量。

【达精制仁术为仁】“地道的药材，到位的炮制”，这是造良药的基础。质量是达仁堂的生命，质量是达仁堂的灵魂，质量是达仁堂的一切，只为精法炮制，才有良药；只有严细管理，才有质量。在每个生产管理环节上，达仁堂人都要做到一丝不苟，专注、专业、专心、专情。

【达疗效仁药为仁】百年以来，达仁堂以疗效而著称于世，达仁堂牌子熠熠生辉的光芒，源自广大消费者的口碑。达仁堂人“以药行仁”，良药是达仁堂“仁”文化的物质结晶，只有生产治病的良药，只有得到消费者的认可，达仁堂的“仁善”才有结果。

这是2014年李燕钰对达仁堂虔心制药、传承百年的文化总结，虽然经营者已不是乐家后人，但“乐家老铺”的制药精神还是被继承了下来，发扬光大。

统一经营、重视宣传

达仁堂除了在经营上力主现代管理，在对外营销上也是非常开放，一改中国传统“谦虚谨慎”的态度，在当时著名的报纸、期刊上投放大量广告。1913 年 3 月在《申报》上刊登了“京都达仁堂乐家老药铺”开业启事。1914 年 5 月 1 日，在《大公报》投放了题为“京都达仁堂乐家老药铺”的开业广告，将达仁堂的渊源、理念、文化以及责任担当一一阐述；5 月 23 日《大公报》对达仁堂开业堂会庆典活动进行了报道：“京都达仁堂乐家老药铺，现在本埠估衣街设立达仁堂分号，昨日开幕之期，特约名伶谭鑫培、王瑶卿等，假广东会馆演剧宴客，是日各界来宾，车水马龙，颇极一时之盛。”1922 年《益世报》对达仁堂养蜂场及养蜂器具的报道，引起众人瞩目；1928 年达仁铁工厂制造小火轮竣工的新闻再登《益世报》，令达仁堂备受关注。

除了报纸宣传，达仁堂在店铺装修、职员培训上都是统一风格、统一培训。达仁堂遍布全国的分店在建筑风格上，都仿效天津总店，进口处都有石阶、威严的大门，大门上方有雕镂，店内外有招牌、楹联、庭院和玻璃橱窗。统一分号招牌、店铺装潢风格以及药品包装，并实行统一管理，运用现代商业的发展模式与宣传手段，成功地诞生了全国首家工商一体化国药集团，最多时达仁堂在全国重要商埠一共设有 18 家分号。这些分店像达仁堂的天建总店一样，在药店门市的后面都设有药库，分店与总店的唯一不同之处就是规模大小。

达仁堂的员工也按照传统方式进行培训。正如我们已看到的那样，乐达仁的祖父乐平泉只用乐家自家成员去经营北京的那一家同仁堂药店，乐达仁也遵循此例，只用乐家自已人来经营天津的达仁堂总店，达仁堂的所有药品也都是根据秘方在总店配制。乐达仁在天津之外所开设的分店，也一律遵循这一家族式管理的模式，由一位当地家族的成员来管理分店。当然分店是归乐达仁家族而非当地家族所拥有，但乐达仁试图将其他家族和乐家联系在一起，他将当地家族的青年人带到天津来，想象着把他们当作自家人看待，将他们当作徒弟加以培训，然后再送他回家乡所在地的达仁堂分店工作。

在天津达仁堂总店，乐达仁自己所扮演的是老派家长的角色，对徒工们拥有绝对的权威，他亲自为每一位达仁堂的先生起一个号，每位师傅要带领八至十位徒工，并同他们生活在一起。在先生的督导之下，徒工们每天要工作八个小时，晚上则要学习。他们要用三年时间学习传统中医理论、书法、算盘的使用，最后还要熟记中草药的四百条基本准则。一旦徒工顺利出师，再将他们派到各自家乡所在地的达仁堂药店工作。

这些外埠分店的查柜（即经理）走马上任后，乐达仁继续将他们视作家族成员来对待。他通过师徒关系和虚拟的家族关系将他们与自己捆绑在一起，希望他们遵守他为查柜所编手册《言出法随录》里的种种规矩。查柜们要定期通过内部的《号讯》向他汇报业务。最后乐达仁确实证明他与职员的这种家族关系所言非虚，他向长期以来忠心耿耿为达仁堂服务的员工允诺，可以由其儿子来接他们的班，而他的确履行了这一承诺。

兴办学堂、热心公益

作为一个优秀、知名的国药品牌，达仁堂非常注重自己的品牌形象，热心公益事业。20 世纪 20 年代，达仁堂还组织工人成立了“达仁乐队”，他们经常身着统一服饰，佩戴写有“达仁”二字的领章，手持“达仁堂乐家老药铺乐队”的大旗，外出执行演出任务。1921 年创办达仁女校，专门招生女生，免费入学。教学设备及经费均由达仁堂供给，乐达仁任校董，聘请当时教育界著名人士马千里为校长，邓颖超也曾在该校任教。1924 年达仁堂开设卫生眼科诊疗所，聘请著名眼科医师黎宗尧应诊，为附近工厂的工人和居民免费医治眼病。

5. 上海的京都达仁堂

上海京都达仁堂是 1913 年 3 月 19 日开的，当时开在上海英租界英大马路抛球场南首 129 号（今南京东路、河南路口）。开业前夕，乐达仁即在《申报》上登了开业启示（图 72）。

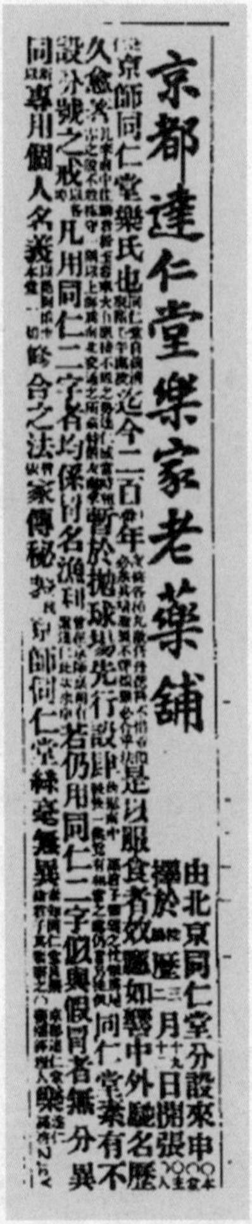
京都達仁堂樂家老藥鋪
由北京同仁堂分設來申
擇於陽歷三月十九日開張
京師同仁堂樂氏也 迄今二百餘年 是以服食者效應如響中外馳名歷
久愈著
設分號之戒 凡用同仁二字者均係冒名漁利 若仍用同仁二字似與假冒者無分異
同 專用個人名義 修合之法 家傳秘製 京師同仁堂絲毫無異

图 72　上海京都达仁堂开业启示
（申报，1913-3-8.）

京都达仁堂乐家老药铺

由北京同仁堂分设开申，择于阳历三月十九日，阴历二月十二日开张。主人达仁，京师同仁堂乐氏也。同仁堂自前清康熙壬午开设，迄今二百余年，虔修各种丸散膏丹，选料不惜重价，必求其精，炮制不惮烦杂，必合乎法，是以服食者效应如响，中外驰名，历久愈著。比来南中往购者，纷至沓来，大有应接不暇之势，达仁感当时相需之殷，不敢株守一隅，以上海为南北交通之所，兹特偕友暂于抛球场先行设肆□慰南中。诸君子□□之忱，惟房屋较狭，俟觅有相当之处，仍当另徙，但同仁堂素有不设分号之戒，以各埠凡用同仁二字者均系冒名渔利，曾在京师察明有案，达仁此次来申若仍用同仁二字，似与假冒者无分异同，所以专用个人名义，以免溷淆。至本堂一切修合之法皆依家传秘制，与京师同仁堂丝毫无异。素知同仁堂良药，诸君子其□察之。

京都达仁堂药铺经理人乐达仁谨启（申报，1913-3-8.）

按当初乐达仁的计划，上海的达仁堂是要发展成总店的，但是上海的经营并不十分理想，经过反复思考总结，他认为营业不振主要是因为长江一带没有联号呼应，“同仁堂”“乐家老铺”等名号在上海并没有像北方那么出名。另外，当时局势不稳，南北交通运输不便，且服药习惯不同，这些内外因素影响了达仁堂的业绩，于是，乐达仁便决定北上，选择了离北京很近的另一重镇——天津。

1914 年天津的达仁堂大获成功，发展很快，原本经营惨淡的上海达仁堂在总店的支援下，也渐渐步入正轨，开始盈利。为了配合总店的风格，1922 年在达仁堂原址上盖了一幢新式三层房屋，作为达仁堂上海分号，新楼落成，达仁堂也是邀请上海名流参加庆典，在《申报》等媒体上大肆宣传。

达仁堂将迁入新屋

河南路抛球场一二九号京都达仁堂，在沪开设数十年，信用素着，近因营业更形发达，原有地址，不敷发展，故特于山东路口南京路，自建最新式三层房屋一大幢，形式壮丽，日内即可完工，现定于本月十二日（十一月二十六日）迁往新屋，照常营业，闻自迁移日起，各种丸散，不论朔望，一律均照九五折扣，以示欢迎云。（申报，1923-1-8.）

达仁堂昨已迁入新屋

南京路京都达仁堂，昨日迁入新屋开幕，营业极盛，各界分赠贺礼甚众，该堂总号在北京杨梅竹斜街，天津汉口亦有分设，在沪亦已分设多年，发售各种灵药，颇为著名。此次新屋中最为特别之装饰者，即沿柜台之长算盘，为沪上破天荒之布置，据云京、津、汉三处亦然，为该堂之特别记号，昨日起，凡顾客一律有北京制之小玩具赠送云。（申报，1923-1-13.）

图 73　上海达仁堂外景

上海达仁堂新落成的铺面如图 73 所示，现在仍能看出当时的奢华，它跟当时上海很多新式建筑一样，由砖块砌筑，柱、梁、楼板、屋面板、桁架等采用钢筋混凝土，正面立一列巨型石柱形成柱廊，墙面和檐部有装饰浮雕，使建筑看来雄浑有力。达仁堂的内部没有更多资料，已经无考了，但是从达仁堂总店分号统一装修风格看，也可以从武汉汉口分铺的装修窥得上海分店一斑：

民国九年（1920年）……铺面宽敞，店内装饰仿效天津达仁堂总店的模式，进店门走上六步台阶才进一个十字转型大门。店堂内最引人注目的是高达胸口的深黄色樟木整板大柜台，呈⊐形。柜台面上嵌着大算盘，也是仿效天津总店的格式，有108行，算珠是檀木的配黄铜条柱，打起算盘来，拨动流畅，清脆悦耳。店门两边装有大玻璃橱窗。在⊐形柜台的两边是侧门，专供本店高级职工和客人出入，一般职工只能从后门出入。侧门上面雕龙刻凤，门框两边各配一个双叉鹿头。在柜台的上方正中，高悬一块白底黑字的招牌，上面写的“京都达仁堂乐家老铺”，据说是仿北京同仁堂御笔制成的。柜台四边是成药货架。饮片的屉斗半大部分都在樟木柜台的里面，经营以销售天津总店的成药为主，其次是自制饮片配方。

新开的达仁堂设有配方柜台、丸散柜、蜜丸房、刀房、制酒房等十余个部门，主要售卖各种饮片、达仁堂祖传的丸散膏丹等（图74），这些成药大部分都是从天津运送过来的。由于业绩斐然，1933年，达仁堂在八仙桥开设分店。达仁堂素有“蜜丸王”的美誉，他们精制的参龟鹿茸丸、乌鸡白凤丸、女金丹、九方至宝丹、小儿回春丹、虎骨酒、牛黄清心丸、安宫牛黄丸、大活络丹等都受到了上海人的认可。

图74　达仁堂药瓶

京都达仁堂的“死算盘”

达仁堂的长算盘是非常有特色的一个标志，京津沪汉的达仁堂都有一个，镶嵌在柜台上，这样既可免去拿进拿出的麻烦，又可供多人同时使用。“达仁堂死算盘”在民国时是沪上国药业的一道风情，达仁堂凭此大做广告。民国叶仲钧《上海鳞爪竹枝词·达仁堂之死算盘》咏：“商家都把算盘倚，活动人人便取携。唯有达仁堂药铺，嵌牢台面不能移。”“文革”初，达仁堂算盘也被作为资本家剥削和坑害百姓的典型材料而受到批判，算盘被吊在原店门口的电线杆上“示众”，后该算盘不知去向。

“乐家老铺”所铸铜人

针灸铜人，是中医针灸教学的人体模型。从针灸铜人问世以后，民间就有仿制针灸铜人的风俗，一些较大的药铺会摆放针灸铜人，具有招揽顾客及指导病人外治疗法等用途。因此，这类铜人在铸造方面也多经审慎周详之设计，并延请著名医家与工匠点穴雕制而成。同仁堂开业后就铸了一座铜人，放在药铺里，后来的乐家老铺们也仿照此例，仿造同仁堂的铜人铸造而成。

上海达仁堂铜人与北京同仁堂铜人（图 75）系由同一底模翻铸而成，故体表外形及尺寸基本相同，仅个别部位因加工不同而小异。此铜人原系上海市达仁堂药铺于门市柜台陈列者，1959 年时该店将铜人献给国家。

铜人全身由黄铜铸成，但外表已呈暗黄色。在两足下方另嵌有铁棍安插于方形之铜底座上，与北京同仁堂铜人无底座者不同。由于铜人与底座紧嵌一起，故铜人加底座之质量共 94.5 市斤（47.25 千克）。铜像基本完整，仅右足内踝之稍前方有一小块方形破损。至于全身所点刻之经穴穴凹，大致均依仿北京同仁堂铜人，但刻作楷书字体，书法亦工整清新，唯由于此铜人系据北京同仁堂之复制品，故全身穴名均同，但个别文字的错误稍多，其中包括：大肠经左侧“阳豁”→“阳谷”；胃经的“颊车”→“夹车”；膀胱经的“大杼”→“大舒”“浮郄”→“浮豁”“魂门”→“魄门”“肓门”→“盲门”“胞肓”→“胞盲”“跗阳”→“辅阳”……

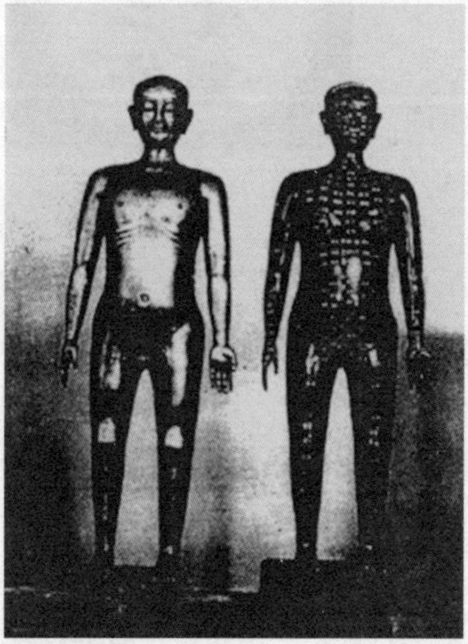

图 75　北京同仁堂铜人（左）与上海达仁堂铜人（右）

《达仁堂药目》

乐达仁编，成书于1913年。将达仁堂所售药物，按风痰门、伤寒门、眼目门、小儿门等分门别类记载，凡十五门类；每门类之下载有数方或数十方；每方中记载功效、组成、用法。全书载方一百二十余首，多为当时被广泛运用的方药，如六神丸、朱砂丸等，以膏散丸丹方居多，内容涉及内、外、妇、儿等科。对考究当时常用方药，尤其是常用中成药，有一定帮助。现存1913年京都达仁堂刻本。

6. 其他“乐家老铺”在上海的分店

除了达仁堂外，其他几房开设的“乐家老铺”也纷纷在上海开设分铺，如乐笃周开设的宏仁堂、乐树孙开办的树仁堂等。

“乐家老铺”宏仁堂

宏仁堂（图76）位于南京路路北760号。

图76 宏仁堂
（申报，1938-12-1.）

宏仁堂启事

北平宏仁堂国药店，在沪开设分店后，兹又拟组设分号。昨据该店主人乐笃周君发表谈话如下：吾国医药，发明最早，复经历代专家之精研，益臻神功。然若药失地道，制违法度，虽有良医，难收奇效，深可痛也！吾乐家四世祖尊育公、五世祖梧桐公，咸以博览方书，精研医理，于清康熙壬午设堂北京，颜曰同仁，以明素志。严购采，辨产地，别品味，慎修合，配制秘方，尤俢，屡试屡验。迄今三百余年，名溢中外，世人预购珍藏视为家庭至宝。笃周仰承遗绪，经理有年，举凡购置药料，修合品剂，皆躬自经营，未敢稍存疏懈，有违祖训。惟交通愈便，需要愈多，宏仁寿世，责无旁贷，乃以经理同仁堂之经验，先后创设宏仁堂于北平大栅栏路南，分设于北平市四牌楼北大街、天津英租界小白楼、法租界梨栈大街、东马路官银号、日租界旭街、青岛山东路。凡吾家传秘法，精制各种丸散膏丹、胶露药酒，莫不应有尽有。并设药圃鹿囿、乌骨鸡园及荷塘，培植各种鲜药，兢兢业业，精益求精。近代科学发明，渐能研究我国中药精义，如当归、麻黄、藿香、大黄等类，东西各国皆购为必需药品。又凡各国来平游历，必至本堂购买各种药品。作为医学参考，国联特派卫生调查团莅平，曾亲临本堂参观各种设备，并索取样品多种，归国化验，专函嘉奖，认为制合之精，收效之宏，不在西药之下，尤见中外愈融化，国药愈发达。吾家各种药品，需用亦愈广，首都南迁，为便利江南顾主起见，于民国十七年亲诣南京，开设同仁堂分号于中华路，支店于白下路及中央商场，开幕以来，信誉尤着。兹以首都沦陷，一时无法复业，江南所有主顾，咸以购用不便，特在上海组设宏仁堂分号。一切细料药品，丸散膏丹胶露药酒，概由北平运来。饮片一门尤为注意拣选，炮制务求精严，笃周本家传秘方，并加以数十年之苦心研究，监制各种制药，已经前内务部警察厅立案注册，严禁仿造，卫生局登记各在案。其药料精良，早已蜚声于世，对症服用，无不立见奇效，此项药品，前由北平同仁堂乐家老铺经售，现统归本堂独家经理，零整批发，并添置北方向未备有之南方药料数百种，以应医家对症处方之用，利之百薄，非所敢计也。（申报，1938-11-11.）

“乐家老铺”树仁堂（图77）

北平树仁堂开幕志盛

北平同仁堂乐家老铺上海分号树仁堂药号，于南京路七五一号，昨日正式开埠，到各界来宾数百人，由该堂竭诚招待参观，陈列由北平总号运到之点穴铜人、全副猴骨、珍贵黄毛鹿茸、大山人参、极品阿胶等类，琳琅满目。并向来宾声称，本号所抱北平同仁堂一贯宗旨，发售各种丸散膏丹，悉遵秘方，虔修精炼，货真价实，实事求是，决不虚伪。并闻该堂经理乐树孙氏，兼任北平同仁堂经理职务，主持一切重要事宜，并因交通不便，故未来此答谢来宾，表示歉意等语后，再招待全体来宾，至二楼进用茶点，拥挤满堂，盛极一时。（申报，1939-1-2.）

图 77　树仁堂乐家老铺
（申报，1941-1-1.）

七、徐重道国药号

徐重道国药号，是近代浙江慈溪商人徐之萱在上海开设的全国第一家连锁国药号。虽然，它创办比上海中药界四大家（童涵春、蔡同德、雷允上、胡庆余）晚了很多，却异军突起，后来居上。可以说徐重道是近代国药业改革最成功的一家药号，早期以传统的前店后场模式经营，后来设立了现代化的制药厂、制胶厂和药酒厂，对中药进行提取、改善剂型，向中药现代化研究转型。至 20 世纪 30 年代初，徐重道国药号已在本市拥有大大小小 17 家中药连锁店。之后，药店又配套设立了制药厂、制胶厂和药酒酿造厂等一系列生产型企业，并一举成为本市规模最大的中药、中成药生产销售连锁企业，在社会上享有很高的知名度。现在，徐重道仍是上海知名药店之一，在淮海中路 431 号，它是原徐重道国药号第九支店，开设于 1930 年，至今已有近 90 年历史。

1. 徐重道国药号创始人

图 78　徐之萱

徐之萱（1895—1970 年），又作徐芝萱（图 78）。浙江慈溪逍林镇人，医名徐重道，上海国药业巨头。他出身贫寒，幼年在家乡跟随祖父读过三年私塾。清光绪三十四年（1908 年），年仅 13 岁的徐之萱为了谋生，从老家慈溪逍林镇，来到诸暨金家站仁寿堂药店当学徒。宣统三年（1911 年）十月在临浦义大震药店供职，以后又在杭州仁益堂做店员。后去汉口，在叔父开设的药店照管业务。1915 年，徐之萱看准上海的发展机遇，辞别叔父，到上海闯荡。徐之萱到上海后，先是在普天乐和壶中天中药店当店员。他白天在店内工作，晚上刻苦自学中医。几年下来，徐之萱就掌握了中医药基本理论、药性及常用中药的配制要领，这为他之后开办中药店打下了扎实的基础。

徐之萱平时省吃俭用，积累了一些资金，就在威海卫路润德堂药店入了一股，1920 年又在帕克路（今黄河路）开了第一家“徐重道国药号”。从此以后，徐重道国药号利用抵押贷款的形式迅速在沪上开设了十七家连锁分店、一家药材行、两家中药厂，成为上海医药界巨子。可是，徐之萱终究是生意人，犯了求利心切、估计不足的错误。为了响应国民党上海市政府建设“新上海”的号召，他投资建筑行业，冒险贷款，购买了大量的进口钢材水泥。谁知遇到经济危机，徐之萱的苦心经营受到重创，被迫将徐重道国药号等全部财产抵押给福家号钱庄。然而，“八一三”抗战爆发，物价飞涨，徐囤积的物资大涨，才使他免于破产。

中国人骨子里就有反哺情结，在发达时，会资助乡里，为家乡建设做贡献。徐之萱也不例外，在上海发达后，亦回馈乡里，援助亲友。据了解，徐重道国药号中的店伙，绝大多数来自他的家乡逍林、浒山两地，很多都经济困难，因此这些职工获得了雇用机会以后，都十分感激徐之萱，工作都很尽心卖力。如一位曾经在徐重道国药号工作过的店伙的后辈回忆，他父亲在旧社会时，体力比较差，在家乡难谋一饱，后经人介绍到徐重道总店做炊事员，解决了他全家生计问题。除了解决同乡就业问题，徐之萱还常常慷慨解囊，资助款项与药品，帮助有困难的乡亲医病，使乡亲们甚为感戴。

图 79　徐之萱旧宅全景

徐之萱旧宅

徐之萱旧宅（图 79）是徐在上海发达以后，在浙江慈溪逍林镇为其母盖的一座洋房，约建于 20 世纪 20 年代。洋房位于徐家浦东侧，沿河而建，西侧设有埠头泊船。坐北朝南，由南、北两院组成。院落外墙呈折尺形布局，总占地面积 340 平方米，由主楼西侧的临河埠头，向东穿过横弄可入北院门，门楣刻有“厚德载福”四个大字，体现了徐氏积德行善的家风。建筑东南为一开间平顶两层楼房，北为三开间双面坡顶三层楼房，后连进深半间的两层平顶楼房两间、三层平顶楼房一间，南北建筑物第二层架天桥相贯通，西南为一天井，内设凉亭，整体布局错落有致。建筑整体采用了西洋式建筑原料和风格，并融合了中国传统建筑要素。墙面整体以青砖叠砌，嵌以白色洋灰，顶盖青瓦，又以切割规整的长条石为河岸岸基，气势恢弘。洋房后边还建有慎修桥，也为水泥建造，是传统石桥向水泥桥过渡的一个典型。

1932 年，徐之萱任上海市国药业同业公会常务理事。1949 年后，徐之萱继任国药业同业工会常务委员，当选为人民代表。1971 年因病逝世，终年 76 岁。

2. 徐重道国药号的创立及经营理念

开办徐重道国药号

1920年初，徐之萱在派克路（今黄河路）上租借了两间房子，对外挂出属于自己的药铺，即“浙东良医徐重道国药号”的招牌，在店招旁还注明“代代名医，妙手回春”“本店重道德，为民除疾病”等宣传口号。

徐重道国药号创办之初，店堂营业面积很小，且门面陈旧，设备简陋。但徐之萱和店员对待顾客非常热情，有些小毛小病店内也能开方配药，所以药号的营业额蒸蒸日上，获利丰厚。药店附近一些有钱人家的女佣、老妈子，有病上不起医院，就来药店问病买药，徐之萱经常为她们义务诊治，渐渐与这些女佣关系处得非常融洽。于是徐之萱就劝她们把零钱存到店内，有病看病，无病取息。这样，很多女佣都把日常多余的零用钱存进他的店内，日积月累成了一笔不小的资金。徐之萱利用这些资金，在成都路（今成都北路）开了第二家徐重道国药号。

1923年春，店内有位职工想自己开中药店，但资金不足，想跟徐之萱借钱。徐之萱乘机动员这个职工把钱存到自己店内，由他来开第三家药店，并高薪聘请该职工为药店经理。徐之萱开一家分店便将该店抵押给银行，利用贷款资金再开一家分店，通过这种方式，他很快开了十七家分店，成为与老牌药号齐名的连锁药店。同时，他还在全国其他省市设立分销点，扩大营业范围（图80、图81）。

徐重道第三药号新屋落成择十一月初一日开幕

徐重道药号，为余姚巨绅徐君创办。开设历有多年，货真价实，颇得社会信誉，以故□业蒸蒸日上，沪上所设徐重道而外，如慎修、为德慎三等联号，皆其创设。兹因新闸路辛家花园重道第三药号，营业异常拥挤，原□房屋不敷应用，特于是处自造高大洋式门面。现新屋工竣，于十一月初一日开幕，自今日起各种药品及参燕膏滋贵重补品，均一律廉价一月，以作纪念云。（申报，1928-12-11.）

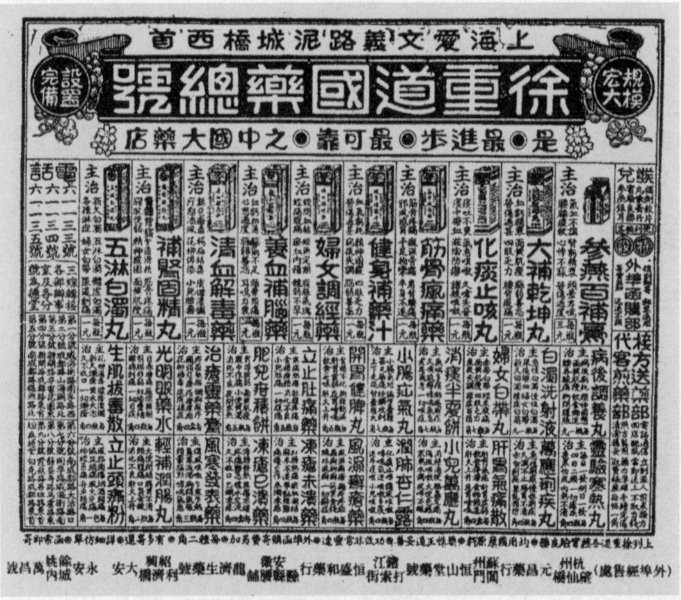

图 80　徐重道国药号各省分销点
（申报，1931-1-28.）

图 81　徐重道国药号开幕广告

徐重道国药号总店

徐重道国药号总店（图 82、图 83）开在当时的爱文义路（今北京西路）上，有一块“徐重道国药总号”金匾，两旁挂着“修合虽无人见，诚心自有天知”的对联。总店六开间门面，装潢得富丽堂皇，既卖饮片又卖丸散膏丹，是当时全国规模最大的中药店。徐重道国药号“范围最大，分店最多，药品最好，价钿最巧”为号召。

徐重道总号开幕

本埠徐重道国药号，为海上进步最速、成绩最优之中国药店，平常营业异常发达，故十余年间开设分店有十余处之多，莫不装潢崇丽，营业鼎盛。该号主人为指挥便利起见，在爱文义路泥城桥西自建总店店基，建筑宏伟，气象庄严。兹以新屋业已落成，定于本月十九日举行揭幕典礼，二十日起正式营业。该号为唤起社会人士一致提倡国药起见，对于开幕典礼，筹备十分隆重。届时一遍邀本市党政军商医药各界领袖人

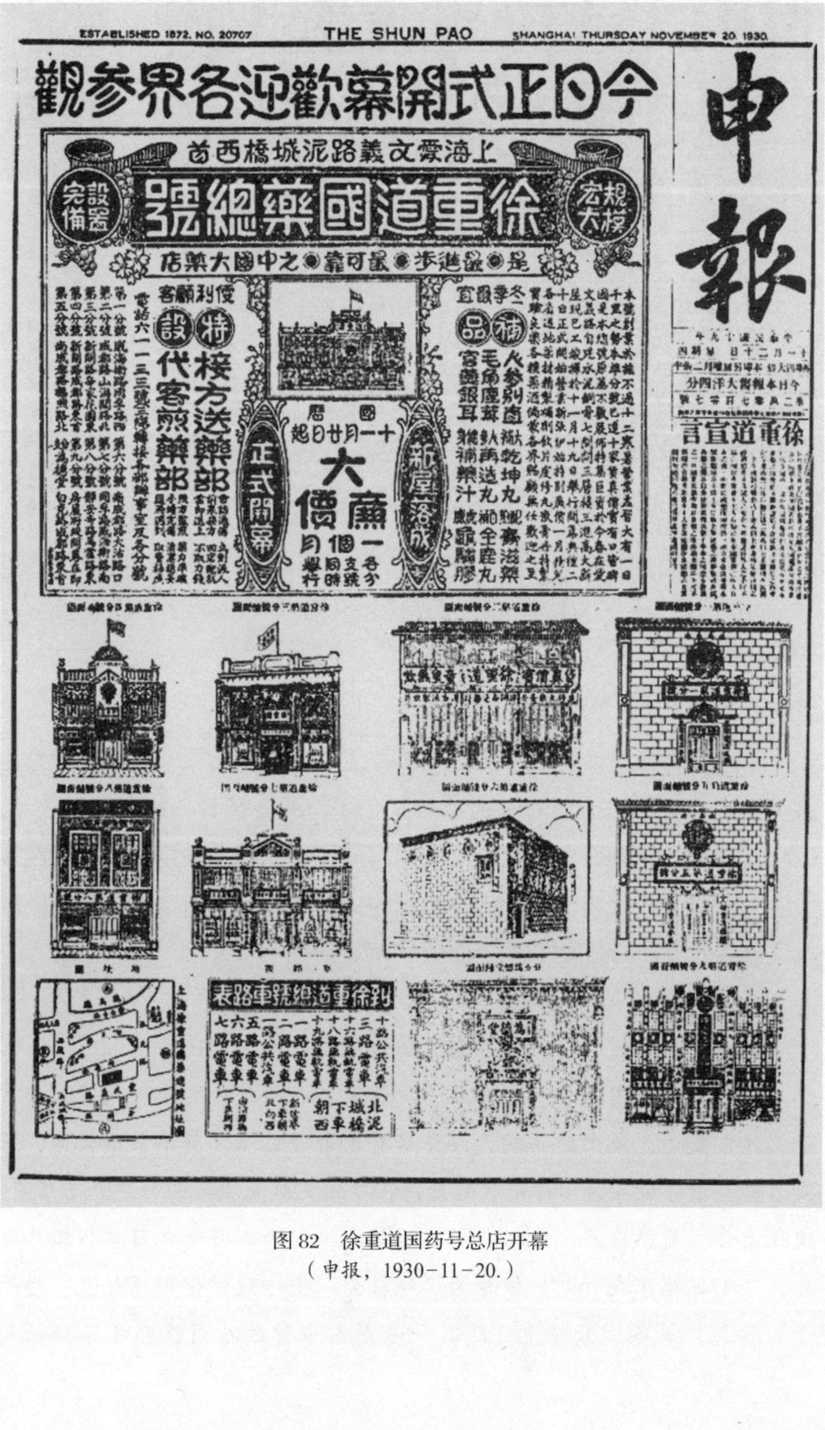
ESTABLISHED 1872. NO. 20707　THE SHUN PAO　SHANGHAI THURSDAY NOVEMBER 20. 1930.

申報

今日正式開幕歡迎各界参觀

上海愛文義路泥城橋西首

徐重道國藥總號

規模宏大　設置完備

是最進步最可靠之中國大藥店

冬季最宜 補品

特設 接方送藥部 代客煎藥部

國曆十一月廿日起

正式開幕

大廉價一個月

新屋落成

徐重道宣言

到徐重道總號車路表

图 82　徐重道国药号总店开幕
（申报，1930-11-20.）

中華民國十九年十一月二十日 星期四 （申報）

徐重道國藥總號開幕特刊

图 83　徐重道国药号总店开幕各界题词
（申报，1930-11-20.）

物，莅店参加揭幕盛典，并柬邀各机关各团体代表参与观礼，十八日晚间并在本堂设宴招待全市医药界暨新闻界参观指导。此次该号总店开幕，各界均一致表示同情，咸认该号足以负发展国药之重大使命，故党国要人、海内名流，纷颁词章，颂勉有加，诚国药界新兴气象也。（申报，1930-11-17.）

总店开业的那天，由经理岑志良、医界蔡济平、药界张梅庵、报界黄雨斋等招待，宴请客人达到了一千多人，都是当时党、政、军、商、学各界名人，济济一堂，甚是宏大。当时乐队在路边奏乐，升旗鸣炮，各界名流鱼贯进入礼堂，举行揭幕。开幕开始后，全体肃立，向党旗及总理遗像致礼，恭读总理遗嘱。结束后，总经理岑志良报告营业方针，来宾于右任代表沈其泉及叶惠钧、方椒伯、朱国鹏、黄雨斋、丁仲英、钱庠元、张梅庵，还有卫生局、教育局、本店职工代表等相继发表演说，称颂善祷之中，助力药店开业大吉。最后，主席致谢词，以“改进国药之精神，利济人群之事业”为办店宗旨，众志成城。

“接方送药、代客煎药”

“接方送药、代客煎药”业务是由徐重道国药号发明的（图 84、图 85）。1937 年抗日战争全面爆发后，上海租界沦为孤岛，市民纷纷集中在租界地区，南往北来的客商众多，多住在旅馆里，上海本地的工人、店员单身者居多，生病以后服用中药汤剂诸多不便。徐之萱目光敏锐，他针对这种情况，首创了“接方送药、代客煎药”的服务项目。当时，只要患者往徐重道国药号打一个电话，药伙就会上门接方，将药煎好后，给患者送到指定地点。为此，徐重道还订购了一批小热水瓶，一批红，一批绿，以区别头煎、二煎，同时雇用了 30 多个工人，穿上印有“徐重道”招牌的黄色背心，骑着竖有徐重道接方送药标志的脚踏车满街飞驰，为患者送药上门。这种形式的接方送药、代客煎药即为患者提供了方便，也是一种流动广告。当时送药的店伙穿着特制的“工作服”在上海的大街小巷穿梭影响很大，店内营业额激增，甚至超过了老牌药号。其他药号见此情景，纷纷效仿，成立了接方送药部、代煎部。

图 84　徐重道国药号接方送药
（申报，1931-3-1.）

图 85　上海接方送药照片

“优待券”

“优待券”也称“代金券”，它的发明也体现了徐之萱经营方面的灵活性。徐重道刚开业时并不闻名，为了扩大业务，徐之萱派店员从大街小巷张贴的医疗广告或者报纸上的医疗信息中摘录医生的名字，然后分等级进行登记，送礼上门。他们给知名度较高的名医送上名贵的皮货，给一般医生送上工艺品和日用品，让这些医生在给病人诊完病后，送病人一张“优待券”。“优待券”上面统一印有这样几行字“徐重道国药号诚心为病家服务，重道轻财，七折优待”。很多医生收下礼品后盛情难却，便在开药方时顺手递给患者一张徐重道国药号的“优待券”。这些“优待券”上面印有“一分”“二分”的金额，可以抵扣现金，病人拿到后，都到徐重道国药号买药。一时之间，该药号门庭若市，生意红火，其他国药号见到这种新奇的代金券，也印制自己的“优待券”招徕生意。据有关史料统计，1929 年徐重道国药号的年营业额高达 80 万银元，为全市各中药零售店之首。

开发中成药，打响“福寿”牌

1935 年初，徐重道国药号设立新药部，生产中成药。药号高价聘请一位西药药剂师胡某，担任新药部的技术顾问，还聘请了经验丰富的名医和药工，一起研制以中草药为原料的各种中成药，如糖浆、溶剂、药水、糖衣丸等多种剂型三十多个产品。徐重道国药号为这些自己研制和改良的剂型，定名为“福寿实验良药”。如“福寿”牌化痰止咳丸、补肾固精丸、润肺杏仁露、光明眼药水、生肌拔毒散、肝胃气痛散、立止肚痛药、小儿万应丸、“福寿”牌清血解毒药等，在国内各地非常畅销。在新产品上市之前，徐重道国药号都会专门请人设计药品外包装盒，每种药内都附有性能、功效、治疗的说明书，经过三次校对，再装入精美硬纸壳内，不但卫生美观，而且携带方便。

徐重道国药号还很注重产品研制和销售的时节：如夏季，他们把金银花露酌情加入食糖，制成“福寿”牌冷饮料出售，一个夏季就可销售几十万瓶。公司还生产“福寿”牌银耳羹、燕窝茶和哈士蟆糖浆等各种夏令高级补品。

徐重道新发明金银花露、白荷花露、地骨皮露、鲜藿香露（图86）。

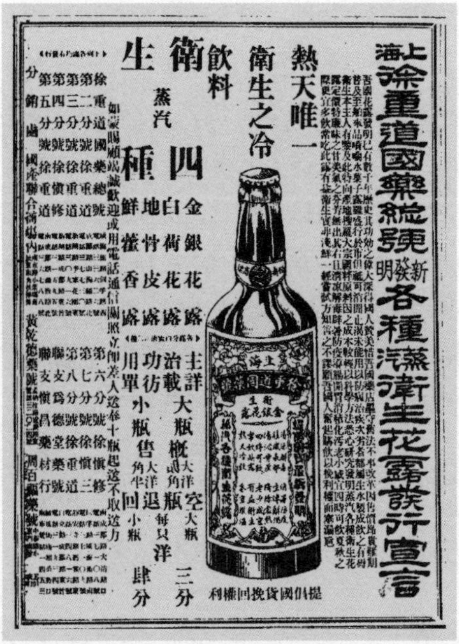

图86 徐重道国药号新药广告
（申报，1930-7-26.）

徐重道金银花露畅销

本埠徐重道国药总号，在沪上遍设支店，实为我国药业之王。对于选料配药，纯取精华，采用科学方法，深得各界赞誉，自制各种丸散饮片，功效伟大。值此炎夏之间，尤以痢疾病为最，该号发明万应痢疾丸，一经购服，立奏奇功。其灵验寒热丸，为驱除疟疾良药，效力如神。比闻该主人徐君，鉴于近日炎天酷暑，秉其卫生主旨，发明最新卫生金银花露，分陈与薄荷两种，均用科学化制造，以滴滴蒸馏，悉心配合，功能清凉解毒，辟疠防疫，味美适合，为海上唯一冷饮佳品，夏令馈赠亲友，尤极相宜，发售以来，往购者踊跃异常，该号为普及平民起见，取价极廉，每瓶仅售大洋二角。（申报，1931-8-1.）

1947年，徐重道国药号在新药部的基础上，为了扩大中成药生产规模，决定单独成立药厂，即“徐重道化学制药厂”，而药品商标仍然使用徐重道国药号早年创立的、社会知名度很高的“福寿”牌。

重视广告宣传

徐重道国药号对广告宣传极为重视。20世纪30年代初，人们在上海各大报纸杂志、广播电台，主要马路、铁路沿线、车站、码头等户外场所，都能看到徐重道国药号委托制作的药品广告。

徐之萱后来聘任房恺龙担任徐重道国药号副经理和广告设计员。房恺龙建议附送顾客16开装订精美的《健康顾问》小册子，介绍医疗实例，宣扬自家成药。每本书的封面有不同号码，根据奖券号码为凭，给予购药顾客头等奖5 000元、二等奖1 000元奖金；同时在总号落成开业时，又在国内各大报纸，如上海《申》《新》、天津《大公》《益世》、北平《晨报》刊登大幅广告，随报赠送精制挂历，轰动一时。同时，徐重道国药号还积极参加国外商业展会，将产品打入国际市场。

徐重道药品征往新加坡陈列

本埠爱文义路徐重道国药号，特制各种良药，功效卓著，有口皆碑，前自实业部国货陈列馆函征出品陈列国货展览会后，今又被新加坡大世界附设国货陈列所与新加坡总商会函征，运往陈列，俾海外人士知祖国药物之改进，足与舶品相□，以引起侨胞购服国产之良药。（申报，1931-5-15.）

经营有术，以慈善、添头抢占市场

徐重道在服务顾客时，非常的细心，经常送一些普通百姓家中很实用的东西，当然，它会在上面印上“徐重道国药号”宣传自己。比如过年前，来店里买药时，就送顾客一份日历；对于平时经常配药的老顾客，就送一只滤药器；支店新开张随配方送“小儿八珍糕”等。这些都受到普通百姓的称颂，渐渐地占有了数量庞大的底层客户群，与四大药号高大上的形象形成鲜明对比。

上海“八一三”抗战后，难民纷集，病疫丛生，上海设立了许多难民所。徐之萱发起“施诊给药”义举，并向这些难民所负责人游说“我徐重道是良心店，重道轻财。现在国难临头，全上海难民用药我全部包下来，药费七折优惠，诊费、煎药费全免”。就这样，上海玉佛寺、金司徒庙、浙江路难民所等 10 多个据点，几千个难民生病的配药煎药全由徐重道国药号承包，徐之萱这一善举，不仅赢得了社会声誉，而且由此也发了财，真是名利双收。

徐重道国药号虽然成立的比较晚，但是在徐之萱多元化的经营下，发展成为 17 家连锁分店、制药厂、药酒厂等完备的大药行，这离不开徐之萱敏锐的商业嗅觉、灵活的经营手腕及对顾客心理的洞悉。徐之萱在战火纷争的时候，能应时而变，没有固守陈规，通过融资、创新扩大经营，成为与老牌四大药号齐名的国药店，的确有许多值得总结和学习的经验。

八、其他国药号

上海国药业在民国时期蓬勃发展，除了“四大号”蔡同德、胡庆余、雷允上、童涵春堂及京都达仁堂、本邦药号姜衍泽、徐重道外，还有其他很多国药号。在那个动荡的年代，也演绎着自己的故事，有些在文献中留下了只言片语，而更多地湮灭在历史的长河中，在此只能做一些简单的介绍。

1. 郁良心国药号

郁良心国药号是由郁怀智（字屏翰）在 1903 年创办的，坐落在今上海市区方浜中路 509 号。之所以取“郁良心”为店名，传说是因为郁怀

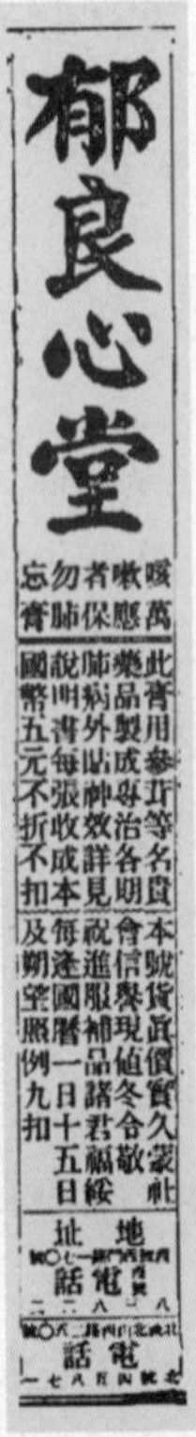

图 87　郁良心堂

图 88　郁良心国药号门楼

智即“郁屏翰”三个字用沪语读后，与“有良心”谐音，作为药店，寓意甚好，于是就取了“郁良心”为店名（图 87）。开业后，由于经营有方，信誉卓著，除总店外，又在山西路、西门路（今自忠路）开了两家分店，成为上海有名的中药老店。

郁良心国药号在老上海市民记忆中最深刻的是它的门楼（图 88）。这座木雕彩楼，极为精致，可以说是附近的一大景观，常引来外人拍照留念。据说，这座门楼是郁屏翰花两百银元买下的，原本是天德生药店门前的门楼，郁屏翰买来后又花了五六百银元修葺一新，使其金碧辉煌，颇有气势。门楼吸引了游城隍庙的人前来拍照参观，间接地使郁良心药店生意兴旺。郁屏翰看见门楼带来了经济效益，便悉心维护，一年一小修，三年一大修。正门上高悬“郁良心”招牌，二楼东西两侧各挂“良药利病”“心田积善”的匾额，吸引着过往行人驻足观赏，堪称一绝。直到20世纪60年代中期，门楼依旧巍然屹立。不过可惜的是，在“文革”期间这座门楼被拆除，现在只能在老照片上看到曾经的风华，想象当时这座精美的门楼的辉煌。

郁怀智及其家族

郁良心的创始人郁怀智，生于1853年，卒于1918年。字屏翰，自号素痴，上海人。从小在私塾读书，因为家中贫寒，就“弃学就商”。到中年以后，郁怀智的商业经营逐渐稳定，使郁氏家族在上海滩站稳了脚跟，成为有一定影响的望族。郁怀智除了日常经营商业外，还积极参加上海资产阶级的社会政治活动，如预备立宪公会、上海商团，参与社会公益事业，如捐助学校、医学会、慈善会、舍材会、红十字会、惜字会、医院等，成为清末、民初上海资产阶级上层有一定影响的人物。郁氏一族从郁怀智以后就以诗书传家，郁怀智本人是一个守信重诺的人，事亲至孝。晚年工诗善书画，亦精篆刻，古趣盎然。暮年以艺兰莳竹为消遣，襟怀冲淡。著有《素痴集》。后来将事业传给了儿子郁葆青。

郁葆青（1882—1941年），字锡璜，号诗龛，别号兰耦、餐霞散人。承父业经商，名著商界。光绪三十一年，与同仁创建商余学会，任副会长。宣统三年九月，出任上海商团副会长，参与上海革命军行动。工诗，才气颖发，兼善书法。民国五年与岳父孙玉声、友陈诗举求声社，后改名鸣社。著有《兰襟集》《餐霞集》《餐霞书话》等。

郁元英（　—1990），郁怀智孙、郁葆青子，号茧迂。少司其家会计于市，好学笃行，出入以书卷自随，夜则埋首六经，钻研汉儒注疏，寒暑不稍辍。工诗，直抒胸臆，时有清劲之气。民国三十七年，携幼子郁慕明往台湾，因故驻留不返。郁慕明，现为台湾地区的新党主席。郁元英另有五位女儿，郁慕贞、郁慕莲、郁慕云、郁慕洁、郁慕娟，自小学习绘画，是民国上海滩有名的“画坛郁氏五姐妹”。

钟阜云

郁元英《郁氏三世吟稿·茧迂集》

当年王气今消尽，剩有颓云舒卷忙。

大帝陵荒龙变幻，高人馆圮鹤凄凉。

蒋祠环拥千峰白，萧寺遥浮一角黄。

谁说无心还出岫，好凭六代问兴亡。

有人看到文献资料，推测郁怀智可能是嘉定地区外冈郁氏一族的分支。外冈郁氏是嘉定地区最早的医术世家，擅长疡科，据光绪《嘉定县志》称至明末崇祯年间郁士魁，已传二十余世，该世医当始于南北宋之交。“外冈郁氏世医后渐湮没，偶读民国《黎阳郁氏〈宜稼堂〉家谱》，这是原世居南翔，而于嘉庆间迁沪的一支嘉定郁氏，也即南市著名中药堂郁良心一支之谱，其自序中有‘至宋季出继善公，深于医术，其针砭之妙，为时所重，厥后子孙多医仕者，唯以沧桑屡易，旧谱中断，不能联属，深以为憾’。考其自序所言宋季继善公‘深于医术’，精于针砭云云当为族中口传，却与外冈郁氏颇相符合；而世医之族，弟兄众多者，必折居旁周大镇，以就病家客源，外冈郁氏即有分迁安亭、北城者，未必无迁嘉定首镇南翔者。这是推测之语，姑妄言之，有待有心人细考”。

2. 冯存仁国药号

冯存仁国药号创始人是冯元长，冯氏认为“人之所重大，莫大乎死生，拯人之死生，莫重乎医，而医之重，惟药为最”，便于康熙初年（1662 年）在宁波灵桥门又新街开设了冯存仁堂。冯元长考虑到，凡药必审其产处优劣，炮制修合必规先正，留下“余少好医，视人疾病如己身。兹铺之设以济人为务，不计资本盈亏，唯求无愧于心，后世当有光大门闾者，谨读之下，惕然思仁人用心有合，于文正良医”的遗训。到了第四代孙冯蔓生，继承祖业，继续奔走于川陕鄂等地，经营药店，此时冯存仁堂已发展成核定股金四万银两的大药业。此后由其侄冯吾楼掌理店务，在同治元年（1862 年）设分店于上海汉口路 356 号，投资六万元。因实力雄厚，质量上乘，很快冯存仁堂就名满沪上，1933 年在浙江路 474 号开设上海第一分店，成为“上海八大家”之一（图 89）。只可惜到 1940 年，受到战争和劳资矛盾的影响，迫使上海两家分号关闭，结束了冯存仁堂在上海的经营。

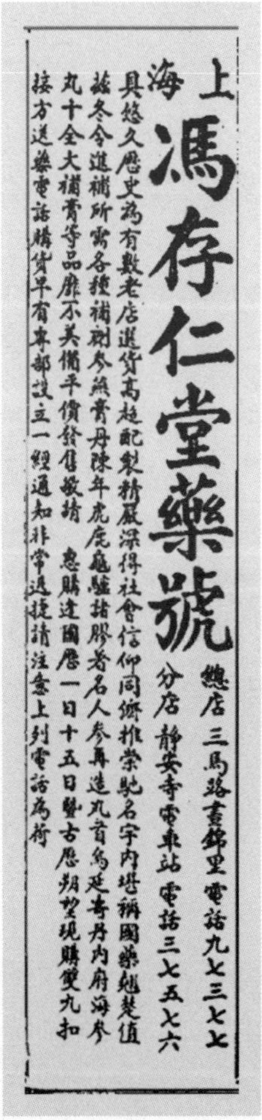

上海
馮存仁堂藥號
總店 三馬路畫錦里電話九七三七七
分店 静安寺電車站電話三七五七六
具悠久歷史為有數老店選貨高超配製精嚴深得社會信仰同儕推崇馳名宇內堪稱國藥翹楚值
茲冬令進補所需各種補劑參燕膏丹陳年虎鹿龜驢諸膠暨名人參茸造丸首烏延壽丹內府海參
丸十全大補膏等品靡不美備平價發售歡迎 惠賜建國歷一日十五日暨古歷朔望現購贈九扣
接方送藥電話購貨早有專部設立一經通知非常迅捷請注意上列電話爲荷

图 89 冯存仁堂药号
（申报，1940-12-15.）

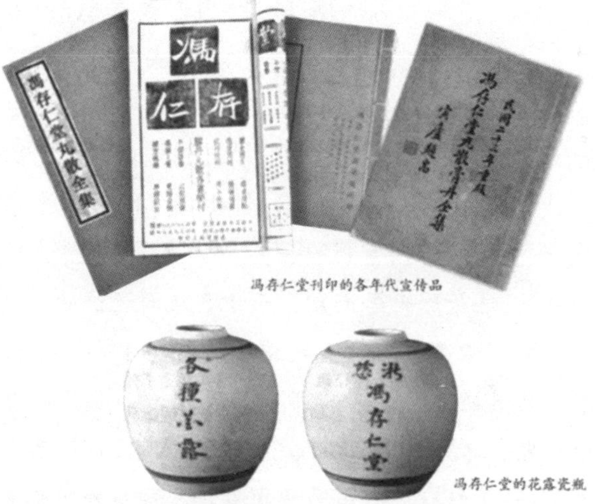

图 90 冯存仁堂丸散全集、花露瓷瓶

冯存仁国药号在几代冯氏族人的努力下，发展成名动沪甬的大药号，必有其经营秘诀。总结了一下，首先是药材道地。冯存仁国药号在选取药材时，非常仔细，不光是重视产地，还特别注意采拾季节和药物生长年份。药物购进以后，在处理生药和炮制上也用冯氏祖传的特有方法。在修合药物时，亦是严格按照《丸散全集》（图 90），对不同的丸药，制成不同的大小，如六神丸芥子大、蟾酥丸芝麻大、正气丸赤豆大、六味地黄丸豌豆大、小金丹梧桐子大、牛黄丸弹丸大。而对冯存仁国药号成名的品牌药，更是精工炮制，绝不偷工减料。常年备药丸膏 357 种、胶膏 32 种，还有参茸桂燕、花露等。如人参再造丸，由 50 种药物组成，其中主要有野山人参、犀牛角、梅冰片、西牛黄、虎胫骨、麝香、白花蛇、全蝎、天麻等，主治遍身筋骨疼痛、口眼歪斜、半身不遂、手足麻木。还有人参大活络丹，亦是由 50 余种药物组成，主治一切中风，瘫痪痿痹，痰厥拘挛等。还有阿胶，都是销售的陈胶，年份有 5 年陈或 10 年陈不等，都是远销海内外的名品。

3. 陈李济国药号

陈李济（图 91）是广东的知名药号之一，在民国时期业务发展到上海，在上海开设了分店。其实从一些资料看，早在清末时，陈李济的子弟就已经在上海经营陈李济祖传的丸散膏丹（图 92）。如《申报》1889 年 6 月 7 日第 4 版，就有相关广告。当时在上海老巡捕房对门有一家“广福林丸药店”，此店是广东陈李济五世孙陈吉瑚开办，主要经营“陈李济蜡丸”及自己研制的丸散膏丹。1926 年，广东陈李济在上海开设第五分号（图 93、图 94），位于北四川路篷路四七一号，总号在广州市永汉北路，第一支店在广东佛山镇、第二支店广州西门外、第三支店潮州府城、第四支店香港大道中。

图 91 “陈李济广州老店”外景

陈李济始创于明代万历二十八年（1600 年）。有关陈李济的创立还有一个故事，话说 1600 年岁末，广东南海县商人陈体全收得货银回广州，船到广州后，他匆忙上岸，货银却遗落在了船上，被一位名叫李升佐的同船旅客拾获。李升佐也是南海县人，颇谙医道，在广州开设了一间中草药店。李升佐拾到货银，并没有私吞，而是在码头等候，最后将遗银归还给了失主陈体全。陈感李之高义隆情，诚实品德，意欲酬报，被李婉言谢绝。他转而诚恳提出，拿出遗银半数，投资于李经营的中草药店。于是，两人用红柬写下合伙文书，曰：“本钱各出，利益均沾，同心济世，长发其祥。”并将其店号定名为“陈李济”，设在广州城南双门底（今北京路 194 号），意为陈李同心，和衷济世，并且定下家规“陈、李两姓约子孙世不为婚姻，恐因妇言起衅也”，两家族人秉承先人遗训，一

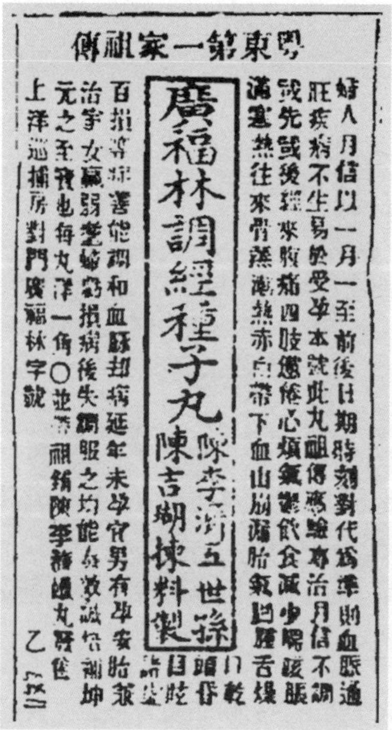

图 92　陈李济五世孙陈吉瑚拣料制“调经种子丸”

（申报，1889-10-26.）

图 93　陈李济分设上海支店

（申报，1926-7-15.）

图 94　广东陈李济总店及支店

（申报，1934-12-23.）

直未通婚，保证了股权的清晰。在两家人的努力下，陈李济不断发展壮大，成为广东地区最有名的国药号。

陈李济在清朝初年发明了蜡丸封装工艺，掀起了中医药行业的“包装革命”。蜡壳是采用蜂蜡与木蜡混合而成，先割成半球形，然后将蜜丸裹在其中，再用蜡密封，这样就可久存而不变质。这种包装能有效地保存丸药，便于携带，从此奠定了“陈李济蜡丸”在国药业的地位。

除了蜡丸，陈李济的陈皮亦是盛销之品。广东有三宝“陈皮、老姜、禾秆草”，陈李济独创了储藏陈皮秘法，所存陈皮数十年无虫霉之变，最长时间据说可达百年之久。陈皮体轻而气味清香，久煮不烂，化痰下气，曾是皇宫御用贡品。其中百年陈皮可与黄金媲美，一两陈皮一两金。

陈李济所经营的产品还有养心宁神丸、乌鸡丸（乌鸡白凤丸）、琥珀抱龙丸、追风苏合丸、附子理中丸、全鹿滋肾丸、温病紫雪丹、八宝红灵丹、天王补心丹、救济通关散、万应如意油、参茸卫生酒、万应午时茶、太乙紫金锭等。其中“追风苏合丸”尤为出名。传说，清同治皇帝患了感冒风寒，腹痛吐泻，用尽方剂不见好转，后经御医推荐，使用了陈李济制造的追风苏合丸，迅即奏效，于是钦赐“杏和堂”号给陈李济。陈李济也将“杏和堂”注册为商标，称为“陈李济杏和堂”。

4. 王大吉国药号

王大吉国药店创办于咸丰八年（1858 年），光绪三十四年（1908 年）重新修葺。店址在宝善街，以锡葫芦为商标，也是“八大家”之一。主要经营各省道地正路药材，精制门市饮片，虔修丸散膏丹，发兑参燕鹿茸、洋参银耳、杜煎虎鹿龟驴诸胶花露等。1918 年在法租界大马路开设王大吉南号（图 95），童芝荪任经理，并由其研究出一种补品，将古方全鹿丸提炼精制为全鹿汁出售（图 96）。

图 95　上洋王大吉药铺分设南号广告

图 96　百补全鹿汁广告

王大吉的著名品牌

上洋王大吉新发明百补全鹿汁

鹿为仙兽其寿最长，性禀纯阳，故其一身皆资利益，先贤定方为丸，功用虽妙，然究不如汤汁之快速且无渣积之弊，此理甚明。本堂遵照原方悉心研究，改良制炼，参用西法合茸角、精脑、骨、肉、皮、血，参以上品诸药改制为汁。凡诸虚百损，五劳七伤，男子阳萎精衰、妇人子宫寒冷，服之实能受孕。补精填髓，健筋骨，益气血，泽肌肤，悦颜色，益寿延年，返老还童之妙用，较之全鹿丸，实有过之无不及。（申报，1919-1-4.）

上洋王大吉

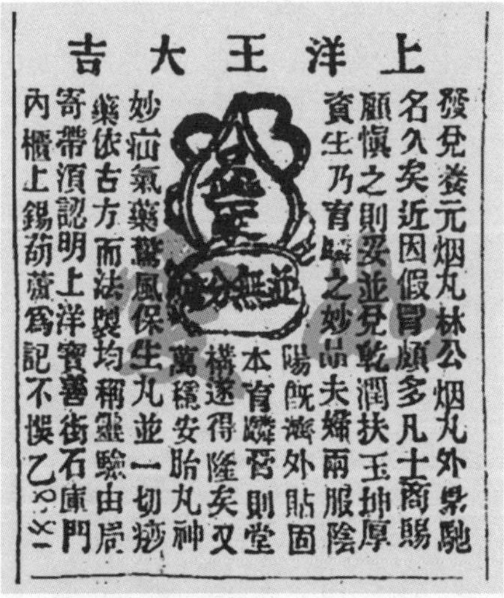

图 97　王大吉广告

发兑养元烟丸、林公烟丸，外省驰名久矣。近因假冒颇多，凡士商赐顾慎之则妥，并兑干润扶玉坤厚资生，乃育麟之妙品，夫妇两服，阴阳既济，外贴固本育麟膏，则堂构遂得隆矣。又万稳安胎丸，神妙。疝气药、惊风保生丸，并一切痧药，依古方而法制，均称灵验。由局寄带，须认明上洋宝善街石库门内柜上，锡葫芦为记不误（图 97）。

声明假冒

启者十六日接南翔同茂来信，云昨日所买烟丸不符之说。见包封非小店之货，细细查问，访知信局弊端。然局友妄贪回资富足，不顾戒烟之害，近来上海南北二市及外省纷纷效尤，自立堂名，暗仿本店招牌，闻大团镇下塘竟然□□，此二字更觉无耻已极，然小店只此一家，并无分出，蒙赐顾者，须认上洋宝善街朝北门面石库门内櫃上锡葫芦为记不至于误。惟太仓渊渊堂大粒烟丸小店发彼转售。

上海宝善街王大吉谨启（申报，1881-5-15.）

5. 叶树德堂药号

叶树德堂药号创立于清道光二年（1822 年），店铺应在四马路大兴街。1913 年，因翻造房屋，暂移至大兴街南首即湖北路四十七号照常交易，新屋建好以后，仍移回原处经营。1929 年迁至郑家木桥石路（图 98）。

叶树德堂药店每逢夏令暑热之天都会设缸施茶给行人，也算是其一大特色。其主要的经营产品有百补膏滋汁、丁氏参茸固本丸、保心安神丸、参燕百补丸、避瘟丹、玉雪救苦丹、玉液金丹。

图 98　叶树德堂开张启示
（申报，1929-12-26.）

叶树德堂四大特制（图 99）

人参再造丸　按此方古籍所载者，颇多药品，有数十味，舛误者实不少，本堂特将数方集合，请名医夏应堂、丁济万等重订，取其长而舍其短，专治下列各症，如中风痰厥气厥、肢麻，头眩，手足抽掣，口眼歪斜，筋骨疼痛，腰酸背酸各种虚弱病后失调等常服，强身延年功效实难细述。

价目：又料每粒二元，大粒每粒一元，中粒每粒五角，小粒每粒二角五分。

百补膏滋汁　膏滋为冬令中补品之必要，然每配一料至少需四五十元或百余元不等，如偶一感冒即须停服以致易于霉坏，岂非徒耗金钱，无益身体，如有中平之家，满拟调补因药资昂贵，而中止，得非憾事，本堂有灵，于此特将百种珍贵补品集合而

图 99　叶树德堂四大特制
（申报，1933-10-19.）

成，价格既廉，功效尤大，复经诸名医订定，专治心阴不足，肾阴耗亏，脾胃薄弱，肺气大虚之证，如腰骨酸痛，脊背疼痛，心悸头眩怔忡，惊惕耳鸣，目花久咳不止，梦遗滑精，病后失调，男子五劳七伤，女子带下崩漏等。

价目：每瓶一元，每打十元。

预防中风丸　此方为海上名医夏应堂、黄鸿舫、丁仲英、马寿民、丁济万五位新制，凡中风未成者，服之可免且益身体康强，即已成著，亦可次第告痊，且常服可以终身不发。专治痰厥气厥，手指麻木，头目昏花，筋骨酸痛，头项强痛，口眼歪斜，口流延沫四肢抽掣，舌强言蹇，痰涌气喘，半身不遂等症。

价目：每盒五元　每粒一元。

秘制生发油　按此油与市上所售者，不同集合数十种香料而成其油香而且润，光而且洁，能润肌，乌发本堂已发行数十年，信效早著，近更经诸名医斟酌加料，较前益臻美善也。其他各种识效出品丸散膏丹多种不及细载。

价目：每瓶二角二分。

6. 余天成国药号

余天成国药号是上海松江的本地药号，创始人是浙籍余姓，创立于清乾隆四十七年（1782年），开设在松江县城中山中路260号，200余年来虽几易其主，但店址始终未变。该店名“天成”，即“天助成功矣”，是创业者的愿望（图100）。清同治十三年（1874年），该店主余修初因擅长中药经营业务，被杭州“胡庆余堂”的东家胡雪岩聘为第一任经理。为此，余氏将经营的“余天成堂”盘给邵佐宸独资经营，店名改为“余天成堂仁记”。1910年邵佐宸将药号传给长子邵光裕继承。

余天成堂店内设刀、料、货房和饮片、参茸部，自制膏丹丸散，有全鹿丸、人参再造丸（图101）、首乌延寿丹（图102）、补益杞园酒、驴皮胶等名产品，尤以全鹿丸最为驰名。“余天成堂”每隔一两年的冬季，就在店堂一侧吹打演唱，另一侧活宰梅花鹿，用来配制“全鹿丸”，故“打唱宰鹿”便成为“余天成”的特色。该药号自制药品以“鹿鹤”为标

图 100　徐天成堂药号
（申报，1940-12-15.）

图 101　余天成堂人参再造丸
（申报，1938-10-23.）

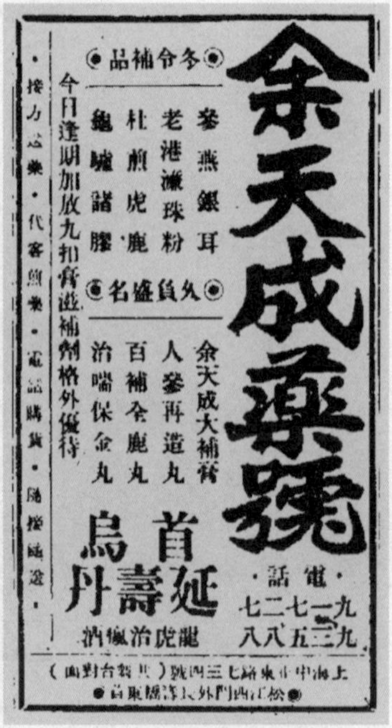

图 102　余天成堂首乌延寿丹
（申报，1947-12-26.）

记，药材销售遍及川沙、奉贤、金山、青浦及江浙毗邻县。

1937 年抗日战争期间，日机炸城，店成灰烬，邵氏全家避难于上海市区，在共舞台戏院对面开设“余天成堂”（1948 年歇业）。1939 年邵全家迁回松江后，在原址重建药店，店门外悬挂金箔字店牌，并委派老职工张钧陶为经理。在 1942 年该店 160 周年店庆之际，曾结扎彩牌，邀宴宾客，活宰梅花鹿，饮片参茸减价酬宾，盛况空前。1946 年“余天成”房屋翻建成三层楼，店堂、仓库面积达 420 平方米，具有相当规模。邵光裕过世后，由其弟邵光涛继承经营。

7. 奚良济国药号

奚良济国药号（图 103）也是上海老药号之一，开设于河南路 91 号，成名品牌有林公戒烟丸（图 104）、人参再造丸（图 105）、诸葛行军散、

图 103　奚良济大门

图 104　奚良济戒烟丸
（申报，1939-10-1.）

图 105　奚良济国药号人参再造丸
（申报，1939-11-1.）

痧气蟾酥丸、良济十滴水等。“奚良济”，奚为店主人的姓氏，“良济”表示良药济世的意思。据说此“奚良济”招牌出自戎复初手笔。

8. 姚泰山国药号

姚泰山国药号具体创办时间不详，但从《申报》1904 年 11 月 19 日发布的广告可以了解到，至 1904 年，姚泰山国药号已创立百余年（图 106）。姚泰山有南、北两个分号，南号位于上海大东门，北号位于英大马路。姚泰山是一家土生土长的上海老药号，是仅次于上海四大国药号的“八大家”之一。品牌成药有培天补肺汁、百补延寿膏、大补膏滋药、保肺月华霜、润制半夏曲、神效咳嗽药等。

图 106　姚泰山国药号
（申报，1904-11-19.）

9. 同春堂国药号

从文献资料显示，以“同春堂”命名的国药号有几家，如陈臣朔坐诊的四川北路“同春堂”、广东“赵同春堂”、虹庙对面直隶路的“同春堂”、颜亦鲁在爱多亚路的“同春堂”等。

图 107 中的同春堂店址在南京路虹庙对面，北号在福建北路 77 号。主打产品有“强身百补膏滋药”“人参再造丸”“戒烟丸”等。

同春堂卖的戒烟丸，非常灵验，有外省的客户用了以后，效果很好，就在《申报》上刊登信息，向大家推荐药丸：“余向僻嗜洋烟以致身弱多病，几次忿而思戒，均以所购丸药服之，每生他病屡戒不除，偶承友人谈及上海同春堂之戒烟丸灵验，不但能除烟瘾，且大长精神，余购而用之，果不匝月，而烟瘾顿除且胃口加增，精神焕发，身体壮实，大异平时，信乎！同春堂烟丸调燮合宜，足为戒烟者之宝筏，故敢告天下之同病者，以图共出苦海焉。”

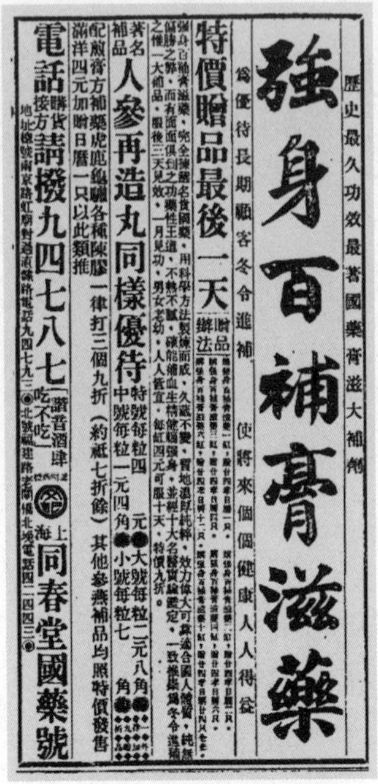

图 107　强身百补膏滋药
（申报，1940-12-15.）

广东赵同春堂大约是成立于 1887 年 8 月以后（其在 1887 年 8 月《申报》上登了开业广告），主要售卖万应痧气丸、龙涎香

廣東趙同春堂馳名丸藥略列

參茸衛生丸
統治男女諸般虛損先天不足後天有虧婦人服之調經種子男子能延壽補元氣乃養世金丹誠有參天位育贊化調元之功也一品土木衛生丸洋一元雙料參茸洋五角參茸衛生洋二角半

參茸養親酒
此酒補氣血壯脾腎舒筋力爽人神化痰順氣固本培元孝子養親延年益壽耳大瓶現減價暫收洋四角小瓶洋二角

三鞭種子酒
此酒大補氣血壯陽添精固腎開胃潤顏誠有反老還童之妙種子育麟之功神效無比減價收洋大瓶洋四角小瓶洋二角

扶陽乾健丸
此丸本堂祖傳秘方其功得天地之秘奥能扶衰陽爲剛健反老弱爲少壯種子催丁第一妙品功難盡述雙料參茸乾健每丸洋二角半參茸乾健丸每丸洋一角參茸乾健小丸每兩洋二角

參茸坤順丸
婦人月經不調子宮寒冷久不受孕服之能補氣血煖子宮調經種子未孕即能成孕既孕亦能安胎百發百中雙料參茸丸每盒四個洋一元參茸坤順每丸洋一角參茸坤順小丸每兩二角

氣痛平安丸
得異人傳受秘方用蘄補香爲君配製君臣佐使妙法能治諸般氣痛心氣肝氣胃氣肺氣諸痛皆止寒痛火痛積病瘀痛血痛瘧痛濕痛熱痛肚痛即服即愈故有平安之名每丸洋二角半

三鞭壯陽丸
用人參鹿茸膃鞭鹿鞭海狗腎取山海之靈物配藥品之君臣治男子腎冷精寒陽事不舉氣血虛弱四肢怠倦賊遺精夜溺或艱於子嗣者功能煖精堅腎壯陽健體神應非常也每兩洋二角

參茸白鳳丸
正人參鹿茸鹿胎鹿角膠龜膠爲君豬腰選生藍氣血之精英配草木君臣之極品婦人眞陰虧損身體虛弱赤白帶下服之調經種子保產安胎每丸洋二角半單料洋一角小丸每兩二角半

鳳丸各藥太多未能盡列諸君賜顧請認廣東同春堂趙宗濟老舖○今設上海老巡捕房對門開張○一在杭州大井巷協昌號發售○一在鎮江洋關後街

图 108 广东赵同春堂驰名丸药

戒烟丸、八宝红灵丹、神效白痧散、诸葛行军散、人马平安散、时症通关散、灵宝如意丹、甘露午时茶等常用急救成药，均是自己制作（图 108）。广东赵同春堂店设在上海老巡捕房对门，在杭州、镇江都有药号代理售卖。

《同春堂药丸汇集》，由清·赵宗济在清光绪十三年（1887）编写而成，这本书其实是设在上海的赵氏同春堂自制丸散膏胶丹及药酒的目录。全书共收录各科适应病症的丸散膏丹四十一种，小丸胶丹药酒九十三种。

民国时期原籍扬州的陈臣朔（名易，字凫忆，扬州著名的凫庄就是他建的别墅），精通诗书画医，曾号药闲，又号医懒。晚年侨寓上海，就在四川北路的“同春堂”药店坐堂，颇负盛名。由此可见，在四川北路上亦有一个“同春堂”药号。

还有一个“同春堂”是由颜亦鲁在 1939 年开设的。这个同春堂位于繁华的爱多亚路上，三开间门面，一楼是药店门市部，二楼上设有切片室、厨房，除了解决家人吃饭问题，也可以代客煎药；亭子间是住人的地方。同春堂雇了药工，负责进药材、切片、碾药、晒药、收药；和其他中药店一样，也炮制中药饮片、熬膏、调配中药、手工制作丸药等；同时也开发一些验方，如喉枣散、妇科千金丸等成药。小本经营，薄利多销，生意还过得去。

10. 北平药局

北平药局（图 109）是北京帮除京都达仁堂、树仁堂、宏仁堂外的一家国药号。1938 年开业，据 1938 年 10 月 11 日《申报》介绍：“北平药局，双十节开幕。河南路抛球场口，北平药局，筹备已久，装潢完全仿照古宫御药房。专办全国驰名各科京药，历史悠久，功效卓著。又采运参茸细料，地道药材，搜罗宏富，精加鉴别，已于双十节开幕。敦请名医谢利恒、陈存仁揭幕，在开幕三天期内，各药特价优待，并附送赠品。”北平药局主要“选办北平各家驰名丸散膏丹，采选参茸桂伽麝黄珠珀细料”，店址在河南路南京路（抛球场三八六号，图 110）。

北平药局编制了一部《京药集成》，里面介绍了一些北平著名的药号，如东安堂彭家老铺（北平东安门内光禄寺西）、同仁堂乐家老铺（北平前门外大栅栏路南）、德爱堂沈家老铺（北平东直门内羊管胡同）、广

图 109　北平药局缩影

图 110　北平药局开幕
（申报，1938-10-12.）

图 111　秦伯未题词

图 112　杨氏太真膏

德堂祝家老铺（北平安定门内交道口土儿胡同口路南）、宝善堂张家老铺（北平东四牌楼北西总胡同中间）、万锦堂崔家老铺（北平锦什坊街南头路东）、济安堂王回回（北平前门取登胡同）、西鹤年堂药铺（北平宣武门外）。书后介绍了上海各社团及医药界名人题词，如上海市国医学会、中华国医学会、丁仲英、秦伯未（图 111）等。书中间还插有杨氏太真膏（图 112）、彭祖炼真膏仿单。

11. 九和堂国药号

九和堂广药店是在上海独具广东药特色的中药店，九和堂三字体，选自宋代大书法家米芾碑帖并加以放大。从《申报》1889 年 9 月 19 日第 9 版“上海四马路盘记泸　协济公所十二至十四收捐第三十二次清单”中有“九和堂”的记载，九和堂应在 1889 年前就已创立，地址应该在上海四明路。1947 又在四川北路开设了分号（图 113）。

12. 群力草药店

群力草药店创建于 1924 年，在今成都北路 791 号。创始人为“草药

图 113　九和堂分号
（申报，1947-10-9.）

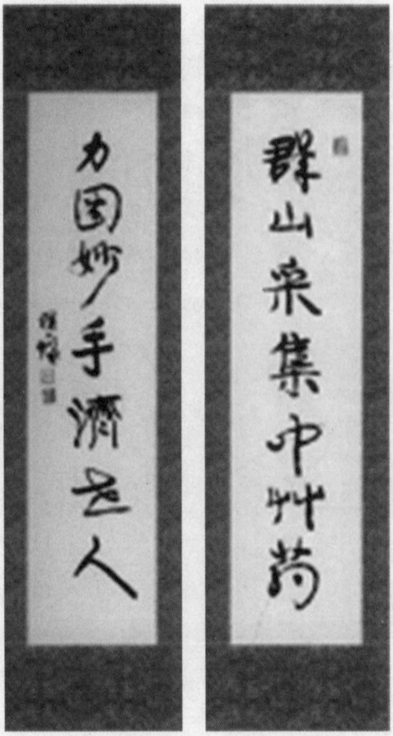

图 114　群力草药店

郎中”马恒永。最早并不叫“群力”，而是“明济堂”。马恒永因熟识许多中草药及民间土方，擅长治疗“乏力”“肝炎”“关节炎”等疾病，颇有名气，就自己开了个草药店。马恒永经营的中药材基本是自采自销，主要供应江浙一带百余种草药和根据民间土方配制的丸散，同时挂牌行医，为老百姓治疗常见病。其后，群力草药店几度搬迁拓展，因“群山采集中草药，力图妙手济世人”（图 114）之语，于 1967 年改名为“上海群力草药店”，现在金陵东路 396 号经营。

13. 颐寿堂国药号

颐寿堂位于上海棋盘街北首（图 115），在外省有两个分铺，分别是江西省城洗马大街颐寿堂、南京花市大街颐寿堂。

图 115　颐寿堂

本堂自运人参、鹿茸、清花玉桂，精工虔制各项蜡丸、膏、胶、丹、散、药油、药酒、药水发兑，药品必求地道制炼，一秉精诚。凡欲定购各种丸药，本堂均可如法代办，货真价实，划一无欺，远处信购原局回件，仕商赐顾，请认明本堂招牌，细察药味为荷，铺在上洋棋盘街北首朝东门面开张，分铺江西省城洗马大街颐寿堂、南京花市大街颐寿堂。

14. 天吉堂国药号

天吉堂位于东嘉兴路，从一些文献资料可以看到，有个并股说明“姚文钊有天吉堂药店的三股”，想另外创业，就把三股转给了姚彩堂。从“姚”姓氏上推测，两人应该是同族，天吉堂可能是姚姓人家开办的国药号。

15. 长寿春国药店

长寿春国药号创立于 1929 年，在爱多亚路马霍路西首，自建新式房屋。这是一家传统的国药号，主要经营各地道地药材、特制丸散膏丹、吉林野山高丽人参、关东毛鹿茸、官燕，杜煎虎鹿龟驴仙胶、四时花露、各种药酒等。

16. 泰山堂国药号

创立时间不知，在法大马路上，是一家传统的国药号。主营各类精制饮片、丸散膏丹、花露药酒、虎鹿诸胶，主打秘制洞天毓真膏、秘制半夏等。秘制半夏有消痰止嗽的功效，对痰饮气郁经久不愈或痰中有血的虚人尤为适宜。而洞天毓真膏则是外用膏药，帖于肚脐，能通十二经脉，固本益阳，返老还童，并治男性阳萎、遗精、淋浊，女性月经不调、崩漏带下、宫寒不孕等。

17. 采芝堂

采芝堂开创于 1896 年英大马路抛球场，坐北朝南石库门面。主打景岳百补大全鹿丸（图 116）、参茸戒烟丸、周公百岁酒、百益长春酒、东西洋参酒、灵验外科六神丸（图 117）等。

18. 明济堂国药号

这家明济堂与后来改名为“群力草药店”的明济堂没有关系，它成立

图 116　采芝堂景岳百补大全鹿丸
（申报，1899-11-28.）

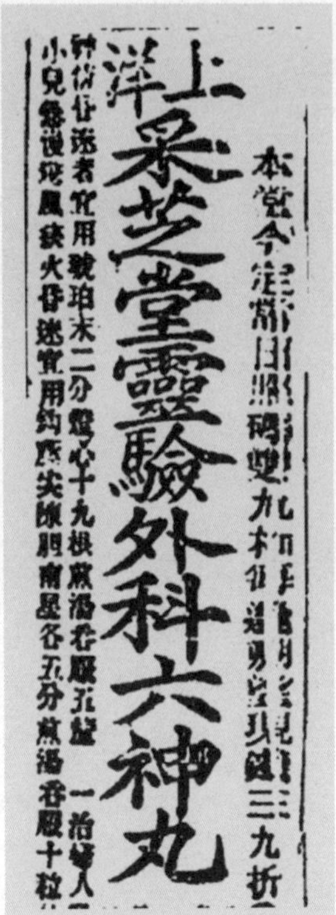

图 117　采芝堂灵验外科六神丸
（申报，1901-6-9.）

图 118　明济堂开业广告
（申报，1909-5-31.）

于1909年法大马路306号，因经营不善，1929年便宣告破产（图118）。

19. 黄九芝协记国药号

黄九芝协记国药号开办于1931年，地址在上海浙江路（图119）。

图119　黄九芝协记国药号开幕
（申报，1931-11-24.）

20. 保和堂药局

保和堂药局大减价广告，总局河南路中279号，分局在北四川路807号（图120）。

21. 王元道国药号

法租界敏体尼荫路南诸家桥王元道国药号，开创于1931年，系上海王姓商人投资五十万元创立的，主要经营国药、改良中药制炼，另在徐家汇设工厂（图121）。

22. 济生堂国药号

济生堂国药号大约创立于民国十六年（1928年），在上海法租界四门路马浪路，出售饮片、丸散及参燕等，平日营业发达，后面又在贝勒路开了第二支店，西爱咸斯路（现永嘉路）第三支店。到1934年鼎盛时，已经达到了八家之多，势不可小觑（图122）。

23. 上寿堂国药号

上寿堂国药号是由余姚籍岑志良创办的。岑志良是民国时期国药业的名人，历任上海全国医药会暨上海药业公会常委等职，为人社交

图 120　保和堂
（申报，1933-12-2.）

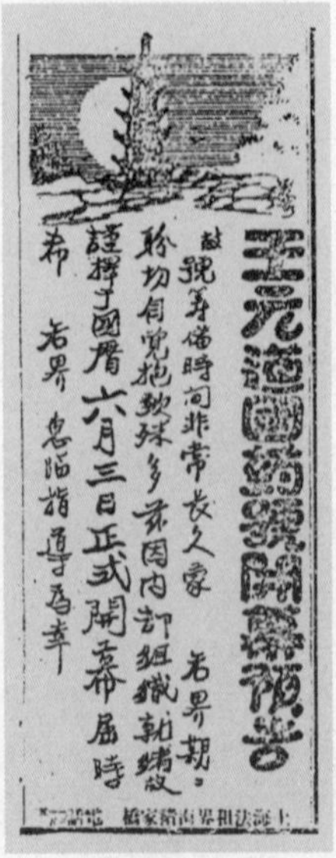

图 121　王元道国药号
（申报，1930-12-26.）

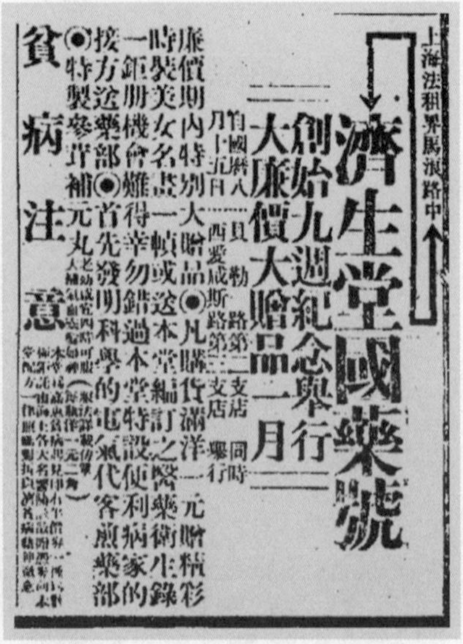

图 122　济生堂国药号
（申报，1932-8-15.）

能力出众，与药业同行关系非常好，曾任徐重道国药号的经理，为徐重道国药号发展出力甚重。1932年，离开徐重道国药号，自创上寿堂于法租界南阳桥西首。1932 年 8 月 1 日，上寿堂开业，名流云集，各界前往道贺者有数百人之多，可见岑志良在药界之影响。上寿堂除发行饮片、丸散、参燕、补剂诸胶、露酒外，还设有接方送药、代客煎药，以利病家。不过该号后来经营得并不理想，三五年就关门了。

图 123　朱三山堂国药号
（申报，1936-12-19.）

24. 朱三山堂国药号

朱三山堂国药号创立于 1936 年上海老北门西，主营三山大补膏、人参再造丸、精制饮片、丸散膏丹、吉林人参等（图 123）。

25. 叶天德国药号

叶天德国药号 1903 年开设于上海美租界东熙华德路中虹桥东，坐北朝南，分店在爱文义路派克路西首（图 124）。

除了以上一些药号外，还有老树德国药号、上海严乾生国药号、恒泰国药号、费同仁国药号、无量寿国药号、苏存德堂国药号、朋寿堂国药号、达善堂国药号、中和堂国药号、太和堂国药号等小药号（图 125～图 127），都会在《申报》上刊登开业、成药、打折、乔迁广告等。

图 124　叶天德堂国药号（申报，1939-6-15.）

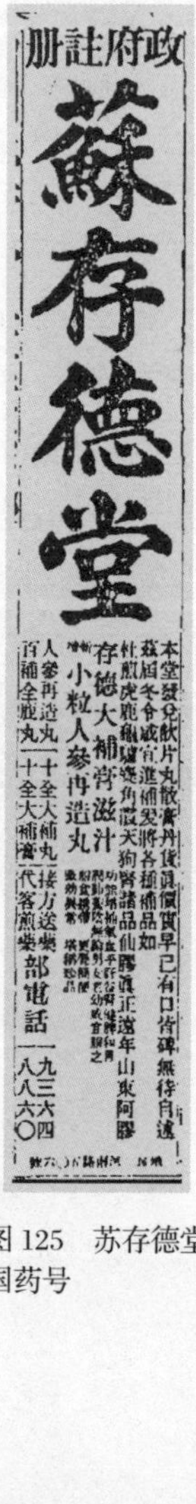

图 125　苏存德堂国药号

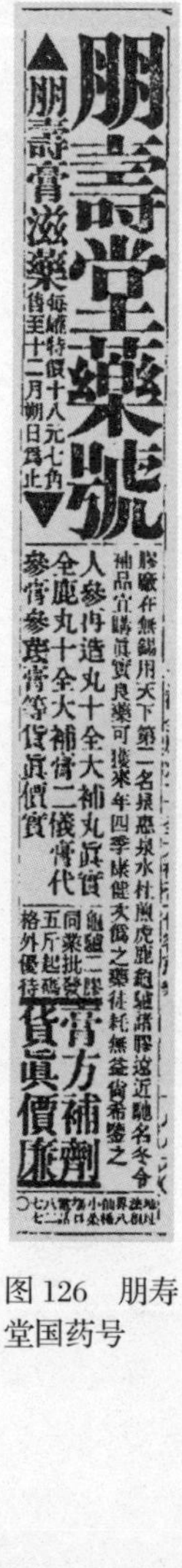

图 126　朋寿堂国药号

图 127　太和堂国药号

九、粹华制药厂

粹华制药厂是近代中国第一家采用现代技术生产中药制剂的工厂，1920 年由上海人李平书、神州医药总会王祖德、中华医药联合会任农轩、医界丁甘仁等联合创立的。

1. 粹华制药厂之缘起

1887 年，李平书游历新加坡，总领事左子兴曾对他说："中国药物原料丰富于外洋，功用亦多神验，惟煎药有不适于用者三：一不适于行旅，二不适于医院，三不适于贫民。若炼为药水或磨为药粉，以代饮片，则不适免矣。"（《且顽老人七十岁自叙》）李平书对此深有同感。当时之中国西风东渐，西方先进的科技使国人震动，李平书受此影响，渐渐形成了"沟通中西""中西结合"的思想，对他以后的事业影响非常大。

1919 年 6 月，上海传染病流行，死者甚众，南市尤甚。中医药界人士就在咸瓜街附近组织成立了"临时疫症救济社"。在救治过程中，发现等医生诊察、处方以后再煎煮中药汤剂服用，其中还有先煎、后下、包煎、打碎等环节，对病情危急的传染病来说，实在耽误救治时间。于是有医药同仁就想改变剂型，选购道地药材，按照预先拟定的处方煎煮好各种汤剂，等病人诊疗以后，根据相应证型，当即给药，没想到效果非常好，一些重症患者"肢冷者即温，脉伏者即起，吐泻者即止，神志不清者即醒"。当时沪西、闸北等地闻风求治者，纷至沓来，应接不暇，这种剂型也得到了民众的认可。

疫病扑灭后，鉴于"近年来西药输入，弥漫神州，坐令国粹沦胥，天产不振，利权外溢，货弃于地"的残酷现实，加之"凡曾服药水治愈之人及邻近目睹药水之效速而简便者怂恿"，李平书在神州医药总会、中华医药联合会的支持下，筹备创办了上海粹华制药厂，"聘请理化学专家、药剂师及医药界会集一堂，从事化验分析，存其性质，保其本能，依照科学方法，分别制炼成为药水、药粉、药精等品”(《新发明粹华药水之溯源》)。

李平书，咸丰七年（1854 年）生于上海宝山县高桥镇的一个中医世家，少年时先入花行、豆麦行当学徒，19 岁考进龙门书院，后以优贡入仕。光绪二十五年（1899 年）在广东遂溪知县任内，因支持民众反对法国侵占广州，遭朝廷革职，遂返回上海。早年，李平书对中医并无志趣，30 余岁时，因祖母患病弃世，悲痛之余，发奋学医。李平书在年轻时主要从事政、商及社会事务，很少涉足医学，到晚年以后，主要从事医疗、慈善事业。1904 年创办了上海医院，1906 年创办孤儿院。李平书主张中西合璧，所办医院也是采用中西医两法治疗，上午中医开诊，下午为西医开诊兼发药，开上海地区中西医结合办医院的先河。1919 年，年已 69 岁高龄的李平书受聘担任沪南神州医院院长。1921 年，与王祖德、任农轩等创办了上海粹华制药厂。

2. 粹华制药厂的发展

民国十年（1921 年），李平书、秦润卿及医药界名人筹备创立了粹华制药厂，股本总额为五万元，每股银元二十元。粹华制药厂由农商部发给第六百四十九号执照，制药厂设在上海小南门外，总发行所在南京路。粹华制药厂总发行所开幕时，医药界名人、团体纷纷来贺，送上匾额，如岑西林送“保存国粹”，厅长“精精人寿”、神州医药总会“功进伊尹”、神州医学校赠“本草重新”、沪南神州医院“进化”、中华全国医学卫生协会“取精用宏”、中华国货维持会“药界新纪”、中华全国工商协会“国粹精华”、戈朋云“国粹国华”等。民国十一年（1922 年）春间，增设分发行所于上海小东门中华路及无锡、太仓、宁波各地。

粹华分发行所开幕预志

本埠粹华制药厂，创制配方药水，发行以来，社会中咸称利便，近因推广营业，在小东门南首中华路设立分发行所。(申报，1922-3-24.)

粹华制药厂增设无锡分行

本埠粹华制药厂，系吾国首创之中药制炼厂，专选各省药材，用化学方法，制成各种药水，供配中医方剂。并发明灵验新药多种，如粹华杏仁精、清血片等，业已销行国内外，兹闻该厂因无锡地方繁盛，工厂林立，特设立分发行所于无锡光复门外交际马路，定期阴历八月二十日开幕云。（申报，1922-10-6.）

粹华制药厂按现代股份有限公司组织，设董事会执行公司业务，董事长李平书，董事朱少坡、余伯陶、石运乾、冯芝汀、王祖德、曹仲叔七人，经理由董事王祖德兼任、副经理董伯伟，均是从事过药业的有经验人士。公司办事处设在总发行所的二楼，有稽核、统计、会计、出纳、广告、文书、批发、运输、庶务等部并管辖各地分行事宜。总发行所分药水、丸散、参燕三部。药水部专司配方，凡病人来方配药，经过核算、录方、编号、调剂、校对、包扎后，交与病人。丸散部专售古方丸散膏丹、花露药酒、杜煎诸胶，参燕专售上等参燕银耳及四时珍贵补品。

粹化制药厂的主要营业份额，以新发明的中国药水为大宗，约占全额十分之六，各种经验灵药，约占十分之三，古方丸散参燕等占十分之一。上海一地，除总分发行所二处外，各著名药房及先施、永安经售者，约计三十余家。外埠如苏、浙、闽、粤、滇、川、陕、甘、直、鲁、湘、鄂、皖、豫、晋、吉林、黑龙江、奉天、青岛、香港、澳门等省经理处，达数百处。国外经售者有仰光天来国货公司，永安堂胡文虎君，北婆罗洲亚庇埠黄自生公司，纽约中国维新报社等。

由于业务扩大，粹华制药厂经股东会议决定，增加十万元，共计国币十五万元，计分七千五百股，每股国币二十元。[上海粹华制药厂概况.侨务，1922（53）.]

粹华制药厂生产经营了3年，终因当时“思想较新者多唯外货是尚，泥古守旧者又不予置信，至事与愿违，歇业关闭”（《上海医药志》）。时人评之曰：“粹华制药厂，置备机器，仿照西法，以各种中药制成极纯良之药精、药水等品，以供医生方剂之用，病家持方配服，简便清洁，一如西药，为中药开一新纪元。”（《上海粹华制药厂概况》）

3. 粹华制药厂的设备

粹华制药厂工厂（图 128）大楼有两层，粹华药厂在上层，下层为冠亚肥皂厂，厂址是前中国图书公司。设备完备，厂屋宽大，极合工厂之用。内分原料储藏室、贵料储藏室，所购进各种药材悉分贮于储藏室中，原料整理室、切药室、炮制室，将原料之应炮、应炙、应炒、应蒸者，咸遵古法，分别炮制。其次，药剂师管理室、配合室、分析室，专司各药之应提精或应成粉、结晶，或为液体，以及定性、定量、成分等，皆由此处依照药之性质，分别规定之。所用化学器械及各种大小机器，均系购自外洋最新式者。工厂分蒸馏、撷精、滤滓、干燥、凝结、重温、制丸数部。药品制成后，由装潢处包扎封装。分送发行所发售，其余如厂员工人休息室、书报室、餐室、卧室等应有尽有、秩序井然。

曾有到粹华制药厂参观者记录："先看制丸室，内有小机器七八部，均系制丸、截丸机，外有手摇上丸衣机器一部。右边二小房中，有竹框刷子等二三十副，据云：此系古法，称为跌丸，每人每点钟可跌八十斤，因此法甚好，故留用之。随看随至化验室，室内木架甚多，每层置玻璃瓶中皆满贮药品。中有长台，陈列丁机类，如桂皮丁几、菊花丁几、甘草丁几，不下数十种。出化验室，即是蒸馏室，此室长方形，宽约四五丈，右

图 128　上海粹华制药厂照片

［时报图画周刊，1922（110）.］

边皆是铜制蒸馏大锅，约二十余部，左边即是再馏器，约有二十余副机器，其法每副下面，用煤油汽炉一只，先将烧瓶（内容五立特大）置一铁架上，将头次蒸馏之液置于瓶中，加热再行蒸馏，此时瓶中所有蒸气，经过冷缩管，复凝成液体，滴入承液瓶中，是之谓再馏蒸液，其法虽简，然其用具皆系仿西法，由上海自制者，其用心可谓周矣。再馏器前向，即压榨处，有压榨机十余个，后面即粉碎处，有粉碎机一，自动筛机一。由此下楼则见中满设锅灶，每三个锅即有大口一，烟筒一，纯用土法煎、熬、蒸、炖各种药材，唯大锅上面，所盖木板均用石灰粉将口糊住，开圆洞数处，大小不一，各置洋磁锅一，即与吾辈制造化妆品中之重汤锅相仿。”［李伯琴．药调查：参观粹华制药厂记．化学工艺，1922，1（1）．］

4. 粹华制药厂的产品

粹华制药厂办厂初衷就是为了改良国药，使之如西药一样使用便利，所以就对中药饮片进行蒸馏或改变剂型，病人不用煎煮，直接配药就能服用，即制成“粹华药水”。提炼的药水所用的原药都是道地药材，“本厂所制之药水取用原料务求道地，无论次货、燻色一概摈除，即应弃之，药头药尾亦皆不用，是以性质纯良，且制造合法，无太过不及之弊”。对药物按古法炮制，应炒则炒，应炙则炙，应炮制则炮制，毫不偷惰假借。粹华药水有“无拨炉分炭，煎干过性”“免先煎后入、裹绢去毛之烦琐”“容量较煎剂为少”“服时无渣滓”“省时间便舟车”“遇危急之症，用粹华药水则可随购随服”等优点，很受病人的喜爱，跟现代的中药颗粒剂相似，是中药饮片成功的探索方式之一。

粹华制药厂除了药水外，还制丸散膏丹，如粹华杏仁精（图 129）、清血片（图 130）、粹华治疫五滴水（图 131）等。所备之丸散膏丹咸出前贤的经验成方，配丸散之方书及

图 129　粹华杏仁精

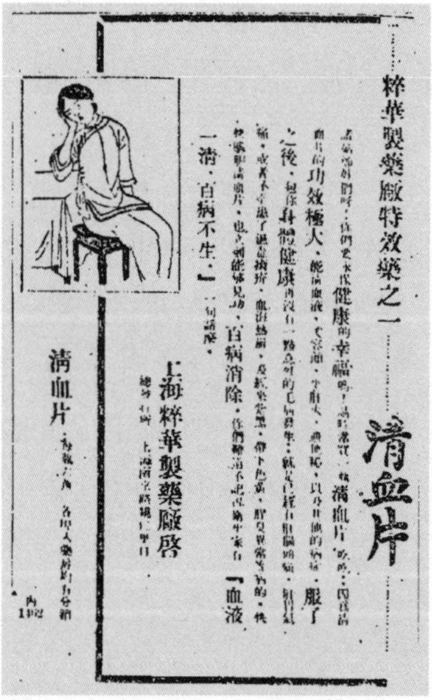

图 130　清血片广告

图 131　粹华治疫五滴水

药味分量悉经诸大医家根据原本详细审定，无延论袭谬之弊。采办原料只求道地不嫌价昂，恶劣熓色一概不进。将原料如法炮制，不敢私毫苟且，制成饮片再由饮片碎粉。有一药而应制若干次，始成者，如二十四制精宁丸、九制香附丸等未敢减制一次，是以往往一药费时至数月才能做成。同时，使用机械，如磨粉概用机械，无粗细不匀的缺点，又无炒焦易磨之弊。修合贵重药品均由主任亲自监督配入，分量悉照原方，无一分减损，亦无粗料加重之弊。

粹华杏仁精

专治痰喘气急咳嗽、痰涌。自发行以来，病者治愈甚多，各界惠书赞美。肥胖多痰，大便不畅，四肢麻木，半身不遂，搜风逐湿，豁痰降火均可用。除了治咳嗽，曾有医生李慰农用粹华杏仁精治疗其他病症，“余前日鼻孔奇痒，抓破兼流水，因用杏仁精敷搽（稍有刺激皮肤无妨），三次即愈。又吾用一僮仆，掌心脱皮类似鹅掌风，余给杏仁精少许搽擦，不数次亦愈。对于皮肤亦颇具有解毒能力也”。粹华杏仁精在上海总商会商品陈列所第一次展览会陈列后，经该会审查会审查合格，呈准农商部颁给优等金牌及奖证。

咏粹华杏仁精

颃铁

一自杏金丹熟后，

驻颜还少胜琼浆。

而今留得精华在，

足抵人间却病方。

[戏杂志，1922（4）.]

粹华制药厂除了在剂型上有很大改良外，对仿单、药物说明书也非常重视，仿照西药的说明书，注重不良反应和禁忌证的说明："每种丸药功用不能同治诸病或有反动之害，市上通行一药，可以统治急慢惊风者，为害甚大，夫急惊与慢惊虚实寒热大有天壤之别，故本厂各种仿单对于禁忌及不能服之理由解释甚详免致贻误。"

从粹华制药厂开发的药水、丸散膏丹就可以看出，药厂一直恪守办厂初衷，改良国药、方便病家，所用方法都是现代中药的常用法，思想先进，只是时势不同，最终失败。但是这种想法并没有中断，被佛慈制药厂继承，终发扬光大。

十、佛慈大药厂

佛慈大药厂是1929年在佛教高僧太虚大师（图132）牵头下，因感于"我吾国科学之落后，中药遭天演之淘汰"的现状，立志"科学提炼，改良国药"，由他的俗家弟子冯明政、玉慧观等几人筹资兴办的。太虚大师以"我佛慈悲，药物可普救众生"为愿望，以"佛慈"为名，成立了"佛慈大药厂"。该厂创立以后，笃信佛教，以慈悲为旨，积极改良国药，提取有效成分，最终形成了海藻晶、天天通、开胃灵、无量寿、人工太阳

太虛大師在上海佛慈藥廠開幕時講演攝影

图 132　太虚大师在上海佛慈药厂
［海潮音，1932（13）.］

元、佛慈桔梗素、杏仁精等品牌产品，品质优良，畅销海内外。1949 年后，上海佛慈大药厂股份有限公司和上海市工业局实行公私合营，转制成一家国营企业。1956 年，响应国家政策，为支援西北建设，利用甘肃丰富的药材资源，经当时的国家化工部同意，佛慈制药厂迁入兰州，自此结束了上海生涯在甘肃发展，现在已经成为西北地区最大的中成药生成厂。

1. 佛慈大药厂的概况

佛慈大药厂［机联会刊，1935（111）.］，发起于民国十八年（公元 1929 年）春，由佛教高僧太虚先生提议，他的俗家弟子冯明政、冯剑光、陈玉璋等筹措创立的。最初的注册资本有拾万元，股东十三人，采用董事会制度。其中，董事五人，分别为冯明政、冯剑光、陈玉璋、翟大雄、王中林，监察人是杨文咏、白纯熊两位，董事长兼总经理为冯明政，主持一切事务。经理之下，分制造部、发行部、药物研究部及总管理处，制造部主任是柳镇永先生，主要从事改良国产新药、提精、饮片、丸散膏丹等，药物研究部下设研究委员会主要是中国医药考审股、国医药物编辑股、国产药物化验股，总管理处主要有审查、进货、估价、会计、文牍等事务，发行部总管批发、门市、广告、交际、治疗所等业务，营业主任由冯明政自兼，研究部不设主任，由厂内各技师和中医若干人共同负责。

佛慈大药厂有两处工场，第一工场（总厂）（图 133）设在上海闸北同济路 164 号，第二工场设在闸北虬江路，“一·二八事变”发生时，这两家工厂首当其冲，尤其是第二厂损失严重。事后，该厂将第二工厂的制造机械并入第一工厂。总厂规模比较大，占地估计有五亩，建有厂房三十余间，分成二大进，内部设有切药、捣药、筛药、合药、制丸、上衣、榨药、碎晶、磋粉、上光、煎膏、烘燥、蒸馏、真空、计数、塞瓶、封口等。各种机器设备齐全，用泗汀另锅炉、机械制药，全部雇佣男工，只有丸药工厂有女工一部分。以上各部机器均设在楼下，楼上工场则设有短波电光室、化验室、原料室、制品室、药品室及附属品、瓶盒、印刷、装潢等室。北面为工务室、会客室，又有中西医药图书室等。

图 133　佛慈药厂第一工场全景
［科学国药，1936（3）.］

2. 佛慈大药厂的发展大纲

佛慈大药厂创立的初衷，是因为清末西医东渐，科学盛行，虽然中国医药有五千余年的历史，临床实践经验丰硕，药物效力伟大，功用确实，但是数千年来，中医药没有进步，还是以草根树叶为主，口味苦涩难吃，携带不便，这些都与日新月异的科学变革格格不入。如果能将古时的医药经验，根据“现代最新科学的医理，应用理化学的制药方法，以改良阐明，必能博环球医药界之欢迎。”鉴于实业救国的理想，冯明政等有志之士积极筹措，创办了“佛慈大药厂”。

鉴于当时社会国情特殊，冯明政等借鉴了日本国立大学的汉药研究及欧美诸国各大药厂研究中国药物的经验，如提取中药某种有效成分，或改良药剂等。药厂成立后，命名为“佛慈大药厂股份有限公司”，以国产药物科学改良为使命，开拓中国医药科学化的现代研究。在创办筹建时，公司就按现代药物学研究的需要制定了相应制度，并按现代公司运营模式制订了发展大纲。

国产药物之科学研究

一、搜集参考图书　凡欲研究一学术问题，须先精查过去业□，如贸然从事，往往徒劳无益，故特设图书室，购置关于中外医学、药学、化学、制药工业等诸重要参考书籍及各国医药杂志，整理设备，以供研究员之阅览考查。

二、药用植物学研究　我国地大物博，药品之富，甲于天下。《神农本草》已有三百六十五种，历代逐渐增修。至明李时珍《本草纲目》，计列药品共有一千八百九十二种，更加以赵氏《拾遗》，不下三千种。若涉大海，茫无津涯，如欲从事实验，必先选择，方可下手，其方有二。

甲：先设国产药物陈列室于研究部内，博采动植物各种国药备置，以资研究员之选择取拾。

乙：次设药草试植园于适当地方，盖国产药物，采之植物最多，动物次之。药用植物，大半求于高岭深谷之野生者，川黔滇桂诸省，崇山连绵，所产药物甚富，其质亦佳。然天然野生者，因频年采伐殆尽，产额日少，价值日昂，不事种植，难免绝种之一日。例如浙之象贝母，由川贝母移植而来，其功用亦不减于川贝母，其他各品，如能栽培得法，必收良果。

应用以上两种施设，可试药用植物学的研究，以选定优良品，改良种子，发明栽植之良法，且确定科学上分及其学名，以资提倡。

三、药理学的研究　动物试验，为研究药理学上最重要一事，欲知药物之如何奏效，与何种成分之奏效，以定药物功效之标准，与中毒之分量，莫不赖是。今日中药之所以不能普及于世界，新医之所以不敢用中药者，以其未尝经过一番动物试验，不能确知其医治作用究竟何如也，故饲养动物，如青蛙、白鸽、鸡、犬、牛、羊、猕猴、家兔、天竺鼠之类，以供研究员之任意采用试验，以为药理学的研究材料。盖经动物试验，可知其析出分离成分之药理作用，且能确定医用单位及其极量矣。

四、化学的研究　论药物之实际，能于生药阐明其奏效之理者，已能应用有余，不必更进研究其化学的性质。然近世药物学进步以来，有待化学的性质明了，然后始能洞悉药理及其内含所有主要成分，决定化学原子式后，能应用化学集成法制造之，不必再取材于动植原料，故化学的研究，为近世药物研究之最高理法，科学应用之最妙神机。爰设化验室于研究部内，备置室中需要之器具，如显微镜、远心沉淀器、诸种干燥器、元素分析机器、各种微量分析机器，以及种种化学上器械，与各种试药，以分析国产药物之主要成分，且确定化学原子式，以期应用化学的方法集成制造。

五、养成科学的研究人才　国产药物之科学化运动一事，言虽容易，行甚困难，盖缺乏适当之人才，亦其条件之一，现今国内药科学校，不过数所，所留外回国之药学者亦仅少数，普通药师之人材既如晨星，况要研究发明之高等技术士乎。本公司之初设研究部，首感困难者即不外乎人才问题，于是始聘留外回国之我国医药专家为基本职员，而加聘外国人专门学者为顾问，中外专家咸集一室，然后方得就绪，吾人鉴斯而感其难，遂一面选派聪俊子弟数人于德日等国，使专门研究制药学术，一面教授青年学徒数十人于本研究部内，使之随习技术，以资他日学成出世，使作改良国药之先导，为人类社会服务贡献。

六、发表科学的研究成绩　医药学系积阅历经验而成，以前人之所知，传诸后人，发明愈多，则人类社会获益愈广，欧西之医药学以公开为主旨，苟有所得，竞相流传。于是知识之范围愈推愈广，至于今日有灿然大备之观。后之来者，尚骎骎乎以发明为己任，精益求精，本公司研究部，严守科学者的态度，打破古来“秘不授人”之传统的陋习，当将研究所得之结果，发表于中外医界，以尽科学者之义务，以期多少贡献于人类。

从《佛慈药厂改良国药计划大纲》“中国药物的科学研究”可见，佛慈药厂成立的药物研究部完全是参照现代药物研究流程进行的。先确立研究对象，查询文献资料，并成立图书室。资料不限于古代医籍，包括国内外的期刊，这些期刊都刊载了当时最新的研究成果。

设立药物陈列室和试植园。这个陈列室更类似于药物样品储备室，研究员可以根据不同的需要选择原药。试植园的想法就更超前了，有利于现代药用植物的开发。通过试植园可以选出优质的种子和品种，测试培植药物的有效成分和含量，为大规模种植药物提供技术支持，这种方式的确更适应工业革命后的现代制药模式，为药厂提供质量、数量相对稳定的生药。可见，在筹建佛慈药厂时，冯明政他们就做了精心的准备，吸取前人失败的经验，为佛慈药厂的成功奠定了基础。

同时，改良后的国药进行动物实验（图 134）和药理研究，确定化学式，为化学制备药打基础。培养国药改良的技术人才，选派优秀人才去

图 134　佛慈药厂动物试验
［科学国药，1911（1）.］

德国日本留学，学习先进的药物学，同时聘任留学回国的技术人才及外国人作顾问，带教学生。这些培养和储备人才的举措都彰显着佛慈药厂长远的战略眼光。

在具体制备药物方面也作了详细的规划：

第三章 国产药物之科学的制造

1. 聘用专家负责调制 按汉唐以前，医与药并不分业，凡丸散膏丹饮片等，皆归医生亲自炮制、修合。宋元以来，医药分途，自是人类生命所关极重之药业，渐移于药商药工之手。现今国内各药铺之药工，俗称刀上先生，概非药科出身，只守师徒相传之成法，多不认识药物之性能功用，故其炮制工作，不能不谓其非科学之甚矣，坐此致今日中药信用，日落千丈，无可讳言。本厂特聘中西药科大学毕业经政府公许之药师为制药部主任，督率技工及制药生，根据科学的方法，应用理化学的器械，尽诚努力，负责调制，期远改良国药之目的。

2. 鉴定原料 严选道地 本厂采办原料药品，务须严选，由专家经种种科学的试验方法，详细考查，确认真正道地货品，然后方得配制，以期提高国产药物之信誉。

3. 科学化之调制 国产药物，至今仍保守古始的状态，无非草根木皮之丸散饮片，绝无现代科学的工艺色彩，外形既不雅洁，内容亦多粗杂。炮制之术，不合于药理，服用方法，又非常不便。较诸西药，雪霰晶粉，银精玉液，定量之确实，制造之精美，诚有霄坏之别，无怪国人日趋西药，渐远中药矣。是以本公司设制药厂于上海同济路，由德国购入蒸汽锅炉、真空汽热煎药机、药滓压榨机、真空蒸馏机、真空排气机、药材切片机、药材捣碎机、磨粉机、筛粉机、炼合机、制丸机、制片机、丸药加衣机、金银糖衣润光机、高周波电流机、紫外线发生机、自动计数机、作业连续机、纸袋制造机、嵌拴机、干燥机等各种机械，皆用蒸汽及电力运转工作，且应用各种理化学的药品及器具，某药须用何法制炼，某根须用何法浸制，某药须要其结晶，某药利用其沉淀，宜丸宜膏，或液或粉，莫根据现代科学的制药方法，要之，将国产药物之原料，应用科学的技术，改良制造西药式之中药，供诸全世界之医院病家，为本厂计划改良国药之最大目标。

4. 公开制药　提倡改良　从来中医药家，多以秘不授人为不成文律，故除推拿、针灸既失传外，验方奇药之埋没于草野青囊者，亦不知凡几，以致成今日之衰退。本厂遵诸“天下为公”之精神，于每月定期开放药厂，公开药方，邀请各界共同研究，敬乞高明之指教，藉作改良之模范。

从药物制造过程看，佛慈大药厂严格遵守现代制药工艺。从药工开始，就严格挑选，特聘中西药科大学毕业、经政府认可的药师为制药部主任，督率技工制药。原料药也经过各种检验，确保其为道地药材且质量上乘，这比当时国药号凭经验进药科学多了，在生药进场后，都要进行检测，确保生药品质。根据检验数据确保药物的质量，亦是现代中药厂常规的作法。

在经营上，佛慈大药厂注重宣传，薄利多销。对厂内工人慈悲为怀，提供优厚的薪水，并且在年终有盈余时，给工人适当的红利。佛慈大药厂在这一点上做得比其他传统的国药号要人性化，这也是当时其他药号工人都在罢工，但佛慈药厂却没有发生罢工的根本原因，归根结底是药厂的确为员工发放了丰厚的薪资。

第四章　营业方针

1. 劳资合作，共存共荣　推崇孙总理的民生主义，对于厂内职工，在可能的范围内，务须一律优待，每年决算时，如有盈余，股东职员及工人各有相当之红利分配。

2. 薄利多卖，挽回利□　本公司根据中国国民当指导之合作运动原则，自生产地直接购入原料后，用机械力大量生产，而在国内外各地设直属支店及分销处，以直接供给于患病者，则中间商人不得垄断，一般医院病家，可得价廉物美之药品，以疗治疾苦，且际金贵银贱、经济困难之今日，当注重输出国外，扩张销路，以其挽回利□于万一。

3. 宣传方法，注重真实　凡药品果有真效，则无言能波及四海，不翼可风行宇内，现今社会更注重宣传，佛慈以“真实无妄”为原则，在国内国外实行宣传。

甲：国内宣传，可应用各报纸杂志，巡回演讲，电影游戏，又发行杂志小报、家庭医典、药理说明书、临床实验报告书及各种方法，以广招徕。

乙：国外宣传，登载各国医药报纸及杂志，并赠送试药以供外国各大学医院之实验研究，且设代理处于各国重要都市，以资推广。

我佛慈悲，以普度众生为主义，以此为办厂宗旨，如果有盈余，即设佛慈医院，或者聘请各科专门医师，随时随地，实行免费施疗。

这份《佛慈药厂改良国药计划大纲》在 1936 年又经过药厂的完善，增订为《佛慈药厂改良国药标准大纲》，共五章，即“第一章　制药标准”“第二章　改良饮片之标准”“第三章　提精配方之标准”“第四章　医用丸散之改良制造”“第五章　本厂与国医团体之合作”，从增修的内容看，新版的标准大纲更趋实用，分别对饮片、提精配方、丸散改良作了具体的规定，同时还扩展了与国医团体之间的合作事项，可见在佛慈大药厂运营的这几年，他们的确恪守着“科学提炼，改良国药”的信条，一直为国药进步做着积极的探索，以致蒋中正、林森等国民政府高官都为其题词表彰。

国民政府元老为“佛慈大药厂”题词。[图 135～图 140；科学国药，1936（3）.]

图 135　蒋介石为佛慈大药厂题词

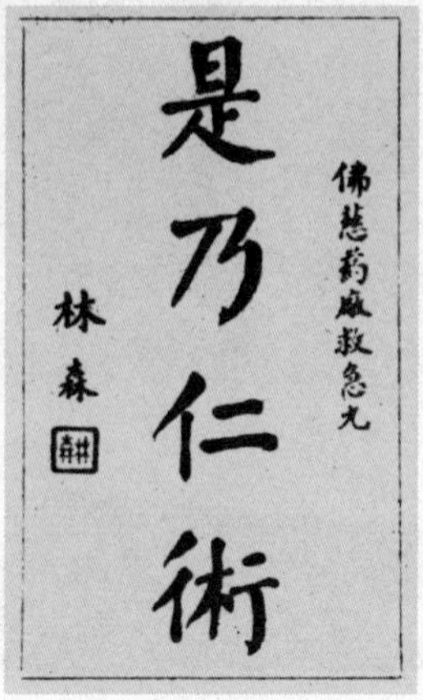

图 136　林森为佛慈药厂“救急丸”题词

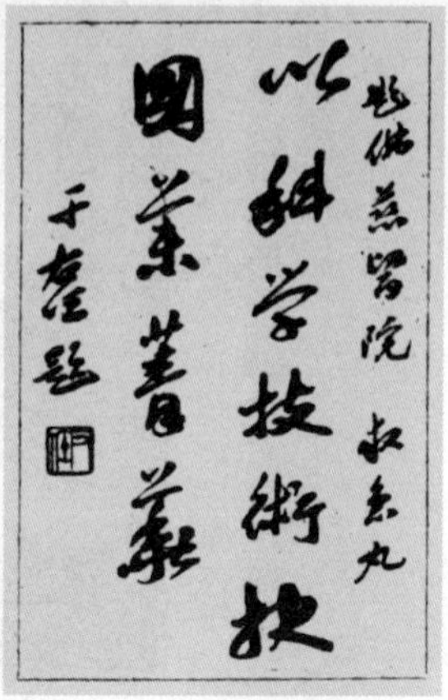

图 137　于右任题词

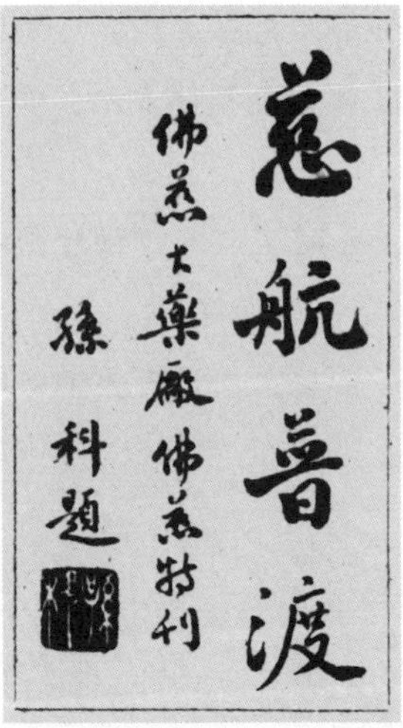

图 138　孙科题词

图 139　张群题词

图 140　黄郛题词

佛慈药厂相关图片资料［科学国药，1911（1），1933（2）；中医世界季刊，1934（6）；国货商标汇刊（上海），1940（2）.］见图 141～图 147。

图 141　佛慈药厂化验室

图 142　佛慈药厂各种制药机械

图 143　佛慈药厂蒸馏器及真空煎药机

图 144　佛慈药厂切药机及制粉机

图 145　佛慈药厂真空排气机及制膏机

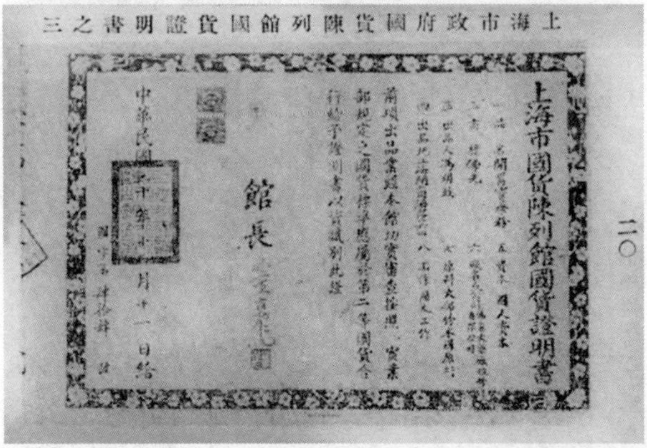

上海市政府國貨陳列館國貨證明書之三

上海市國貨陳列館國貨證明書

館長

中華民國　　月十一日給

二〇

图 146　上海市政府国货陈列馆国货证明书

佛慈大藥廠股份有限公司

電話 閘北 2659

電話 90631

電報掛號 7458

創辦日期　民國二十年四月

行銷地點　中國各省及南洋群島

商標名稱圖樣及註冊日期

佛

图 147　佛慈大药厂股份有限公司商标名称图样及注册日期

3. 佛慈大药厂的产品

佛慈药厂自从创立开始，就秉承“我佛慈悲，药物可普救众生”的宗旨，虔心用科学手段改良国药，所制各种药物可分为临床实验特效剂、滋补强壮剂、补肾强精利尿剂、伤寒诸风治疗剂、补肺化痰止咳剂、健胃消化剂、整肠收敛缓下剂、暑湿痧疫救急剂、妇科治疗剂、小儿诸病治疗剂、外科各症治疗剂等丸散膏丹一二百余种。如长生防老剂无量寿（图 148）、补肾强壮剂肾气丸（图 149）、中风预防药海藻晶、妇科圣药当归素、儿科灵药保婴丹、小儿滋养强壮剂人工太阳元、开胃特效药开胃灵、便秘痔疮根治药天天通、镇咳化痰剂桔梗素、治咳镇痉剂杏仁精、

图 148　佛慈大药厂无量寿

图 149　佛慈大药厂肾气丸

遗精特效药金锁固精丸、补肾强精剂参灵酒、痴痫特效药镇心断痫丹及遵照古方配制之各种灵药，不下百余种，名目繁多，不及备载。据《国货半月刊（上海）》（1933 年第 1 期）记载，其营业总额民国二十一年（1932 年）约四万八千元、二十二年（1933 年）九万五千元、二十三年（1934 年）十四万元。从其营业额增长就可看出佛慈药厂的产品渐渐被大众接受，其中一些产品成为佛慈药厂的特色品牌。如：

佛慈桔梗素：具有补肺祛痰，治咳的特效。是经过化学技术，从桔梗中提取有效成分精制而成。佛慈大药厂根据日本庆应大学医学部教授田口胜太博士发表在医学期刊的最新研究成果，经过配制、提取、

药物学实验确认后，配制而成的祛痰镇咳剂。最后经临床实验，肯定其有效性，命名为“佛慈桔梗素”。此药专门治疗肺结核（肺痨）、气管炎、肺炎、久咳、百日咳、痰饮宿痰、喉头结核、喘息及一切呼吸器病等。

拔毒膏佛慈改良新方：拔毒膏是从千搥膏、玉红膏、观音救苦膏、熊油虎骨膏、九香膏、白玉膏及万应灵膏等古传验方加减改良而成的。从配制成功后，就进入临床实验，经过试用，发现拔毒膏比旧式膏药效力明显，使用方便，味道好闻，很受病人欢迎。拔毒膏具有拔毒灭菌，镇痛止痒，消炎生新，专治湿疹肿毒、疔疖冻疮、火烫伤及皮肤病等。

佛慈药厂的人造象贝：曾经有段时间上海市国药业同业公会与宁波堇江象贝运销合作社发生象贝纠纷，药业公会即通知上海各药号拒绝采购堇江象贝，致使全上海象贝缺货，医生开的处方中也不能用象贝，只能用其他药代替。佛慈药厂药物研究所有鉴于此，即开始研究，提取冬瓜子、桔梗、前胡等药中功效与象贝相同的部分，酌量多寡，混合试验，制成人造象贝，其成分与效能，与象贝一般无二，以供医生处方之用。

图 150　佛慈大药厂总发行所
[科学国药，1911（1）.]

佛慈大药厂的销售也很多元化，除了自己的药店发行所外，各大药房或省外的分销处、代销处都有佛慈药厂的产品。除了国内市场，业务还拓展到菲律宾、爪哇、暹罗、新加坡、苏门答腊、缅甸、旧金山、芝加哥等地。到民国二十二年，业务扩大，上海仁记路的总发行所（图 150）不敷应用，

图 151　佛慈药厂总发行所门面
［科学国药，1936（3）.］

就迁到了西藏路三十九号（图 151）。

1955 年 12 月，经上海市人民政府的批准，上海佛慈大药厂股份有限公司和上海市工业局实行公私合营，成为一家国营企业。1956 年，为响应国家政策支援西北建设，利用甘肃当归优势及丰富的药材资源，经当时的国家化工部同意，佛慈制药厂迁入兰州。自此，佛慈大药厂结束了上海的生产，转战甘肃，成为西北最大的中药生产企业。

参考文献

[1]《申报》数据库（青苹果）[DB].
[2]《全国报刊索引》数据库[DB].
[3] 上海粹华制药厂近代第一所私立中药西制药厂（OL）.
[4] 北平药局.京药集成[M].北京：北平药局，1938.
[5] 中国人民政治协商会议浙江省委员会文史资料研究委员会.浙江文史资料选辑第3辑[M].杭州：浙江人民出版社，1962.
[6] 中国人民政治协商会议上海市静安区委员会文史资料工作组编印.上海市静安区文史资料选辑[M].1985.
[7] 黎明.上海百年名厂老店[M].上海：上海文化出版社，1987.
[8]《武汉文史资料》编辑部.武汉文史资料第4辑[M].武汉市政协文史资料委员会，1989.
[9] 天津城市建设丛书编委会.天津近代建筑[M].天津：天津科学出版社，1990.
[10] 政协上海市南市区委员会文史委员会.南市文史资料选辑第4辑[M].上海市南市区志编纂委员会，1990.
[11] 政协上海市南市区委员会文史委员会.南市文史资料第5辑[M].政协上海市南市区文史委，1993.
[12] 唐廷猷.中药业的行会组织.中国药学杂志[J].1994：29（4）.
[13] 上海市钱币学会，吴筹中.中国纸币研究[M].上海：上海古籍出版社，1998.
[14] 孔令仁，李德征，苏位智，等.中国老字号玖药业卷[M].北京：高等教育出版社，1998.
[15] 吴汉民，蒋澄澜，周骏羽，等.20世纪上海文史资料文库第4辑商

业贸易［M］. 上海：上海书店出版社，1999.
［16］唐廷猷 . 中国药业史［M］. 北京：中国医药科技出版社，2001.
［17］上海市政协文史资料委员会 . 上海文史资料存稿汇编工业商业第 7 辑［M］. 上海：上海古籍出版社，2001.
［18］广东省南海市政协文史和学习委员会编印 . 南海文史资料第三十四辑［M］，2001.
［19］裘沛然 . 中国医籍大辞典［M］. 上海：上海科学技术出版社，2002.
［20］上海市宁波经济建设促进协会，上海市宁波同乡联谊会，《宁波人在上海》系列丛书编委会，李瑊等 . 创业上海滩［M］. 上海：上海科学技术文献出版社，2003.
［21］张庶平，张之君 . 中华老字号第三册［M］. 北京：中国商业出版社，2004.
［22］路甬祥，丁安伟 . 中国传统工艺全集中药炮制［M］. 郑州：大象出版社，2004.
［23］姜衍泽堂药铺与宝珍膏 . 医药经济报，2006（85）.
［24］郑宏尖 . 身边的非物质文化遗产［M］. 北京：中国美术学院出版社，2006.
［25］宁波市政协文史委 . 宁波帮在天津［M］. 北京：中国文史出版社，2006.
［26］邱仕君，肖莹，李姝淳，等 . 中医药趣闻［M］. 广州：羊城晚报出版社，2006.
［27］陈荣，熊墨年，何晓晖 . 中医文献（下册）［M］. 北京：中医古籍出版社，2007.
［28］王自强 . 记忆上海：五香豆与梨膏糖的故事［M］. 上海：上海三联书店 .2007.
［29］上海市经济委员会 . 海派经典中华老字号集萃第一辑［M］. 上海：上海锦绣文章出版社，2008.
［30］戴光中 . 江北儒商［M］. 北京：作家出版社，2009.
［31］（英）鹤路易 . 中国招幌：西方学者解读中国商业文化［M］. 上海：上海科学技术文献出版社 .2009：131.

[32] 丛书编委会. 中国医学文化博览 [M]. 北京：外文出版社，2010.
[33] 马继兴. 针灸学通史 [M]. 长沙：湖南科学技术出版社，2011.
[34] 许国兴，祖建平. 老城厢：上海城市之根. 上海：同济大学出版社，2011.
[35] 浙江省象山县雅林溪童氏宗谱编委会. 雅林溪童氏宗谱全 1 卷 [M].2011.
[36] 熊月之. 稀见上海史志资料丛书 2 [M]. 上海：上海书店出版社，2012.
[37] 浙江省文物局. 浙江省第三次全国文物普查新发现丛书近现代史迹 [M]. 杭州：浙江古籍出版社，2012.
[38] 魏文斌. 企业伦理与文化研究 [M]. 苏州：苏州大学出版社，2013.
[39] 朱德明. 杭州医药文化图谱 [M]. 杭州：浙江古籍出版社，2013.
[40]（美）高家龙著，褚艳红，吕杰，吴原先译. 中华药商：中国和东南亚的消费文化 [M]. 上海：上海辞书出版社，2013.
[41] 乐崇熙. 清平乐北京同仁堂创始人乐家轶事 [M]. 北京：东方出版社，2013.
[42] 方煜东. 慈溪近现代名人宅第 [M]. 宁波：宁波出版社，2013.
[43] 方煜东. 古建筑集锦 [M]. 宁波：宁波出版社，2013.
[44] 左旭初. 百年上海民族工业品牌 [M]. 上海：上海文化出版社，2013.
[45]《财经大辞典》编委会. 财经大辞典 [M]. 北京：中国财政经济出版社，2013.
[46] 马尚龙. 上海制造 [M]. 上海：上海书店出版社，2013.
[47] 徐侠. 清代松江府文学世家述考上册 [M]. 上海：生活·读书·新知三联书店，2013.
[48] 王鹏善. 钟山诗文集 [M]. 南京：东南大学出版社，2013.
[49] 张文勇，童瑶，俞宝英. 上海中医药文化史 [M]. 上海：上海科学技术出版社，2014.
[50] 魏文斌，洪海. 苏州本土品牌企业发展报告老字号卷 [M]. 苏州：苏州大学出版社，2014.
[51] 卜鉴民. 苏州民族工商业百年往事 [M]. 苏州：苏州大学出版社，

2014.
[52] 楼炳文.静渊集[M].杭州：杭州出版社，2014.
[53] 庄裕光.中国国宝建筑东南精华[M].南京：江苏科学技术出版社，2014.
[54] 刘珍.百年守望·颜德馨一个人的中医史[M].北京：中国中医药出版社，2014.
[55] 柳长华.医道贯珠中国中医科学院首届中医药文化论坛论文集[J].北京：中医古籍出版社.2014.
[56] 曹春婷.民国上海国药业研究（1927—1949年）[D].上海师范大学博士学位论文，2015.
[57] 孙世发.中华医方外科篇上[M].北京：科学技术文献出版社，2015.
[58] 凌冬梅.浙江女性藏书[M].杭州：浙江工商大学出版社，2015.
[59] 范玉强，陈景林.中国中医药文化遗存[M].天津：天津社会科学院出版社，2015.
[60] 艺术大师编辑部.看懂中国建筑第一本书[M].南京：江苏凤凰美术出版社，2015.
[61] 金彭育，金朝.五大道[M].天津：天津人民出版社，2015.
[62] 罗杨，蒋锡明，俞成伟.中国民间故事丛书（上海卢湾卷）[M].北京：知识产权出版社，2016.
[63] “西湖天下”丛书编辑部编，吴永良绘.西湖民间故事典藏版[M].杭州：浙江摄影出版社，2016.
[64] 陈仁寿，温长路.话说国医（江苏卷）[M].郑州：河南科学技术出版社，2017.
[65] 章原.海上医事——近代上海中医文化 医事广告[M].上海：上海科学技术出版社，2019.
[66] 魏文享.制约、授权与规范——试论南京国民政府时期对同业公会的管理[J].华中师范大学学报，2004（7）：43～44.